(Par Lamothe-Langon,
d'après Quérard.)

# UNE SEMAINE

DE

# L'HISTOIRE DE PARIS.

DÉDIÉ AUX PARISIENS.

PAR M. LE BARON DE L*** L***.

PARIS,
MAME ET DELAUNAY-VALLÉE, LIBRAIRES,
RUE GUÉNÉGAUD, N° 25.
1830.

Par Lamothe-Langon. Voy. Quérard.
Il y a des ex. dont le titre d'imprimé porte :
Deuxième édition.

L

# UNE SEMAINE

DE

# L'HISTOIRE DE PARIS.

PARIS. — IMPRIMERIE DE COSSON,
RUE SAINT-GERMAIN-DES-PRÉS, N° 9.

# UNE SEMAINE

DE

# L'HISTOIRE DE PARIS.

DÉDIÉ AUX PARISIENS.

PAR M. LE BARON DE L*** L***.

PARIS,
MAME ET DELAUNAY-VALLÉE, LIBRAIRES,
RUE GUÉNÉGAUD, N° 25.
1830.

# DÉDICACE

## AUX HABITANS DE PARIS.

---

Citoyens,

Vous avez reconquis votre liberté et vos droits, vous demeurerez toujours à la tête de la grande nation; vos pères sont surpassés, ils ne firent preuve que de courage;

leurs fils ont montré qu'ils avaient appris non seulement à vaincre, mais encore à pardonner. On vous a vu terribles dans le combat, humains dans la victoire.

Vous auriez donné des leçons de courtoisie aux courtisans s'ils avaient osé vous combattre; mais ils n'ont su qu'encenser la tyrannie dans sa puissance, et se sont cachés quand le danger a commencé : vous vous êtes levés, les oppresseurs ont disparu ; ils chercheraient en vain leurs tyrans si le sang des vengeurs du peuple n'avait coulé sur leur passage avec le sang des braves égarés.

Où sont-ils maintenant ces hommes venus de nouveau sous les lambris des palais, s'enivrer de l'encens de leurs flatteurs et rêver qu'ils régnaient sur un peuple d'esclaves ? ils vont une autrefois apporter à l'étranger leurs complots inutiles, leurs espérances criminelles qui ne se réaliseront plus.

Citoyens, jouissez de la paix, elle repose sur la victoire : qui désormais osera la troubler ?

Les temps antiques, nos propres annales, ne présentent rien de pareil à l'exemple que vous offrirez dans l'histoire. Lorsque tout à coup des ministres impies ont jeté au milieu de vous les actes d'une agression sacrilége, un cri unanime s'est fait entendre : Allons nous avons dit... Et tous nous avons marché, l'enfant et le vieillard, l'adolescent et l'homme dans la force de l'âge, le maître et l'ouvrier, l'artiste et le littérateur; un même sentiment nous animait, celui de la résistance légale; nous sommes accourus pour défendre nos droits, et force est demeurée à la justice.

On nous jetait des chaînes dédaigneusement; nous les avons brisées. Le pouvoir s'est confié dans les armes de ses soldats; mais, un moment entraînés, ils ont reconnu à notre courage qu'ils frappaient des frères et des concitoyens. Le fer est tombé de leurs mains; ils ont détesté les infâmes qui les égaraient; ils ont passé dans nos rangs, rien désormais ne les séparera du peuple : désormais les soldats ne seront que des citoyens.

Citoyens, nous avons vaincu la contre-révolution; désormais un roi respectera la loi établie, les ministres trembleront de l'enfeindre, et la majorité de nos mandataires ne se vendra plus au despotisme; le prêtre ne quittera plus le pied de l'autel; le noble ne se distinguera que par ses qualités personnelles; on ne portera aux fonctions publiques que le mérite appuyé sur la confiance de tous; nous reprendrons le haut rang parmi les nations que l'on nous avait fait perdre; le citoyen français sera respecté dans les quatre parties du monde; on ne le méprisera plus à cause du joug moins insupportable encore qu'humiliant qui pesait sur lui; une charte enfin sera une vérité.

Tout notre avenir est compris dans les paroles du prince appelé par nous à nous gouverner: celui-là est bon, il régnera sans le concours du collége des ambassadeurs; ceux-ci dans leurs notes ne demanderont à la France que son amitié, et ne lui dicteront plus sa conduite. En plaçant de vos mains généreuses le drapeau tricolore sur le château des Tuileries, vous avez cessé d'être Russes, Autrichiens, Anglais, vous êtes redevenus Français, ou, pour mieux dire, vous avez contraint votre gouvernement à l'être.

Citoyens de Paris, bourgeois, militaires en retraite, ouvriers, foule brave et sublime, une gloire immortelle vous est acquise : reposons-nous sur nos lauriers, nous avons bien mérité de la patrie.

La patrie sera reconnaissante.

Acceptez la dédicace d'un ouvrage écrit pour ainsi dire tandis que vous combattiez encore, par une main qui avait quitté la plume pour le fusil. Qu'à vos yeux les défauts presque inséparables d'une composition si rapide disparaissent devant la grandeur du sujet et le dévouement de l'auteur, qui n'a pas d'hier seulement combattu pour notre indépendance.

# UNE SEMAINE

DE

# L'HISTOIRE DE PARIS.

## CHAPITRE PREMIER.

Il y a huit jours, ce matin 2 août 1830, que la nation française fut outragée avec le dernier degré de l'insolence et du despotisme par sept ministres perfides et lâches qui se flattaient de l'avilir et de l'enchaîner. Leur pouvoir était immense : soutenus au dehors par ce que l'on appelle la sainte-alliance, ils pouvaient compter sur le concours de l'étranger; les trois cents millions d'Alger entraient dans leurs coffres; ils possédaient dans l'intérieur du royaume des troupes formidables, un matériel complet de munitions de guerre, un milliard de contributions, l'armée de tous les magistrats administratifs, des gendarmes, des Suisses, et jusqu'à des gardes champêtres; ils avaient encore au dessus de tout cela cette majesté royale, si vénérée par nous, et dont ils disposaient à leur fantaisie; la Charte, quoique déjà étrangement mutilée, était dans leurs mains une arme plus terrible que toutes les autres.

Telle était, il y a huit jours, la position des ministres. Maintenant leur autorité a disparu, leur nom est en exécration, le châtiment va tomber sur leur tête; ils ont renversé de leurs mains débiles le trône dont ils se disaient les appuis; ils sont en fuite. Charles X, victime de leurs coupables suggestions, suivi d'un triste cortége, réduit à demander un sauf-conduit à ses sujets, va une troisième fois endurer les affronts de la pitié superbe de l'étranger.

D'où provient un changement de fortune si soudain et tellement complet? Hier la puissance, aujourd'hui la défaite. Il a fallu l'Europe en armes et tant d'années pour renverser Napoléon, et quelques heures ont suffi pour accabler le dernier roi, descendant de Louis XIV. Quelles sont les causes de cette grande catastrophe ? c'est ce que tous se demandent, c'est ce que je vais tenter d'expliquer.

Je ne remonterai pas aux époques premières de la révolution française. Qui ne sait les fautes de la cour du vertueux Louis XVI, ses malheurs causés par les imprudences de sa femme, les erreurs de l'un de ses frères, l'ambition de l'autre, les dilapidations des courtisans, surtout de ces Polignacs, qui, commençant par livrer la France au pillage, devaient finir par en égorger les habitans? Je tairai la faute de l'émigration armée, les menaces ridicules et permanentes de ceux qui, n'osant pas défendre le roi à Paris, allèrent ameuter contre la patrie toutes les cours étrangères, les fureurs des bourreaux en 1793 et 1794, la corruption de la république sous le directoire, l'esclavage brillant de l'empire, où des héros nous opprimèrent au nom du grand homme qui posséda toutes les vertus hors la modération.

Je dirai peu de chose de cette rentrée imprévue de la famille de nos anciens rois, amenant à leur suite ceux qui, n'ayant pu nous vaincre, se croyaient pourtant nos vainqueurs, et qui nous traitèrent en conséquence; ce fut une époque où les faibles se prétendirent forts, où les poltrons affectèrent du courage, où le prêtre agenouillé, et l'encensoir à la main, devant Napoléon, essaya de relever la tête plus haut que le trône de Louis XVIII, où le monarque sage, qui seul dans la France en comprenait la position, se trouva bientôt débordé par de prétendus fidèles qui ne tardèrent pas à devenir les ennemis les plus acharnés; époque désastreuse où une conspiration royaliste enveloppa continuellement le trône, et que dirigeait le prince même appelé à ceindre la couronne un jour.

Honneur à M. Madier Montjau, qui le premier déchira ce voile, qui nous montra les véritables ennemis du prince et de la France, qui nous apprit à quoi on réservait le pouvoir à venir; nous sûmes d'où provenaient ces complots inquiétans plus que dangereux, ces agens provocateurs qui ameutaient les débris de la république ou de l'empire au profit de la contre-révolution ; ces instigateurs des scènes sanglantes de Toulouse, de Grenoble, de Lyon, de Béfort, de Paris ; ces conspirations sacriléges du bord de l'eau; ce régicide baril de poudre des Tuileries allumé par des *mains saintes*, plus coupables que celles de Robespierre et de Marat.

Nous pûmes enfin voir quelque jour dans ce labyrinthe d'intrigues mesquines et sanglantes, de petites ruses, de démarches clandestines, de trames à couvert où l'influence sacerdotale se montrait imprudemment; nous apprîmes qui nous tourmentait, nous attaquait, nous blessait dans nos affections les plus chères; qui outrageait sans relâche le roi régnant au profit du roi futur : c'étaient des royalistes par excellence, les plus pieux, les plus dévoués. On ne pouvait pardonner au monarque cette Charte, son immortel ouvrage, la sûreté de son règne, la sauve-garde de sa famille, le gage du bonheur futur des Français.

Il nous fut donc permis de voir dès cette époque

ce que le gouvernement occulte nous réservait pour l'avenir, quelle règle il prendrait, la route qu'il voudrait suivre. Certes la nation aurait pu dès lors avec pleine justice prendre ses mesures pour la conservation de ses droits; mais, généreuse en faveur de l'ordre, croyant sauver au moins une partie de ses droits en sacrifiant l'autre, elle patienta : ce fut son tort.

Nous ne voulûmes pas troubler les derniers jours d'un prince qui nous avait rendu la liberté. On faisait la part de la faiblesse occasionée par la maladie, et l'on attendait. Louis XVIII, de son côté, voyait avec regret l'impatience de ses proches et de ses serviteurs, car il savait qu'à peine il aurait fermé les yeux, que des conseils insensés seraient donnés et accueillis. Aussi disait-il au duc de La Châtre : « — J'arrête l'orage; il grondera après ma mort. J'ai fondé le trône sur la loi; on essaiera d'arracher la loi des fondemens de l'édifice, et tout alors croulera*. »

* PORTRAIT DE LOUIS XVIII.

Louis XVIII, contre l'usage, avait été bien élevé; sa

Ces paroles prophétiques viennent de recevoir leur vérification. Louis XVIII mourut; les Français accueillirent son frère avec des transports d'amour, avec le plus vif intérêt.

mémoire étonnante lui tenait lieu d'esprit; il s'amusait à vouloir paraître savant, afin sans doute qu'on ne s'aperçût pas de son ambition; il rêva la possession du sceptre, lorsque la fécondité de sa belle-sœur l'enlevait à jamais à sa main, et, quoique sa chimère fût sans espérance de réalité, il se préparait déjà à le porter dignement. Avec de l'instruction, de la politesse, et l'envie extrême de plaire, ce prince n'était pas aimé. On le redoutait, parce que sa conduite n'était point franche, et qu'il ne voyait dans les autres que des instrumens propres à le conduire à son but secret. Ce but qu'il voulait atteindre, il n'espéra pas le saisir environné de ténèbres, et en dehors de la marche de l'esprit humain; il comprit de bonne heure qu'il fallait faire à la liberté des peuples des concessions qui répugnaient à ses préjugés.

Louis XVIII était, j'en suis convaincu, le plus chaud partisan du despotisme; mais son sens droit ne lui permit pas de croire à la possibilité d'être despote à la fin du dix-huitième siècle, et à plus forte raison au commencement du siècle suivant. Il fit donc le sacrifice le plus pénible qu'un homme puisse faire; il se sépara de son idole, et se montra

On se rappelait le propos que M. Beu..... lui avait prêté : *Il n'y a qu'un Français de plus; rien n'est changé.* On espérait en effet que rien ne serait changé, erreur qui ne tarda

parmi ceux qui travaillaient à l'avancement de la civilisation.

Sa conduite à l'assemblée des notables fut celle d'un partisan des lumières ; il parut franchement constitutionnel en présence de l'assemblée nationale. Il fit preuve de sagesse et de courage pendant son exil ; et jamais il ne fut plus digne de son titre de roi que lorsqu'il eut à en disputer la majesté. Pendant qu'il était aux prises avec sa propre infortune et l'orgueil insolent des étrangers, sa résistance fut digne et mesurée; sa réputation s'accrut, on apprécia sa capacité, et l'on rendit justice à ses intentions. Il fut sublime dans sa correspondance avec Napoléon Bonaparte : deux lettres simples établirent ses droits, et toute la grandeur de gloire du conquérant s'évanouit un instant à l'aspect de cet exilé, qui réclamait avec modestie le patrimoine de ses pères.

Le début de Louis XVIII, en 1814, fut loyal et sans obscurité; il accorda la liberté en avance d'hoirie; il ne régnait pas encore de fait, que déjà il avait rendu la France indépendante ; sa Charte fut l'acte de son génie, le fondement impérissable sur lequel il assit sa royauté nouvelle. Ce qu'une lutte de tant de siècles n'avait pas accompli, il le pas à être déçue. En vain quelques esprits plus attentifs cherchèrent à prévenir la nation sur le caractère du nouveau monarque; ce fut en vain qu'ils dirent : « —Français, prenez-y garde; la jeunesse de Charles X, tout inappliquée, n'a aucune espérance à vous présenter pour sa vieillesse; il ne connaît, il n'aime ni les arts ni les sciences;

termina par un effet de sa volonté; il vit l'impossibilité de continuer l'ancien régime, il créa une constitution neuve pour un état qui l'était aussi. Ce n'était plus le royaume de son frère, la république de Marat, l'empire de Napoléon, mais une terre vierge et vigoureuse à laquelle il fallait une semence qu'elle ne dévorât pas, mais qui pût croître et prospérer. Il vit ce qu'il fallait, il navigua selon la mer, la voile tournée selon le vent. Au milieu d'un dédale inextricable d'intérêts divers, il suivit une route dont il ne se détourna point; il était roi dans le conseil, et roi en face du peuple; son urbanité fut exquise; il protégea les arts qu'il aimait, les sciences qu'il savait comprendre. Sévère par essence, il ne sut pas toujours faire grâce à propos; on s'adressait rarement à son cœur avec succès, quoiqu'il tînt à paraître sensible. Il fit beaucoup de bien, sans en obtenir la juste récompense; on ne l'apprécia pas convenablement tant qu'il vécut; on peut aujourd'hui mieux le connaître; son nom est inscrit par la postérité parmi ceux des rois législateurs.

il n'a jamais étudié ni vos lois ni votre histoire ; ses opinions en 1791 repoussaient toutes les améliorations ; il quitta vos villes aussitôt que le danger naquit ; il a passé tout le temps de l'émigration à vous faire des ennemis, et n'a jamais voulu vous combattre à leur tête ; il s'est montré de loin à la Vendée ; et en quittant le rivage, qu'il n'avait vu que de loin, il s'attira la terrible accusation que Charette au désespoir consigna dans sa lettre à Louis XVIII dès sa rentrée en France à la suite des alliés ; il débuta par leur abandonner d'un trait de plume cinquante-quatre places fortes, sans s'inquiéter de quel sang vous les aviez acquises, sans compter qu'elles pouvaient entrer pour une forte part dans les indemnités qu'on vous demanderait. Depuis lors, il n'a paru à Lyon que pour reculer devant Bonaparte ; il n'a d'oreille que pour le clergé, que pour les courtisans ; il vous imposera leur joug ; il mettra à la tête des affaires cette nullité agissante qui porte le nom de Polignac ; il s'environnera des ennemis les plus ardens de votre grandeur, de votre prospérité, de ceux qui ne vous veulent ni éclairés ni riches. »

On n'écouta pas ces avis prudens; on vit même avec peine des écrits inspirés par la prescience des faits; on accusa d'exagération l'auteur de l'épigramme suivante :

« — Eh bien ! l'abbé, que savez-vous de neuf
Sur ce règne qui vient finir notre souffrance? »
« — Que Charles-Dix doit promettre à la France
Un digne successeur, un pieux Charles-Neuf. »

On se récria à l'exagération, et le roi peut dire avec quel enthousiasme nous accueillîmes son entrée, quels transports sa présence nous inspira, et avec quelle confiance nous reçûmes le serment de son sacre. On va voir comme il l'a tenu.

## CHAPITRE II.

Charles X, en montant sur le trône, trouva en place un ministère que lui-même avait formé: à la tête il y avait le comte de Villèle, proclamé l'homme habile de la restauration, et qui n'avait que l'habileté d'une conscience très-souple, orateur plus adroit qu'éloquent, fort pour éluder une question au lieu de l'approfondir, mais enfin le seul homme d'affaires, sinon homme d'état, dans un parti qui ne faisait que de la politique sentimentale.

La cour ne se souciait pas de son influence.

Tout homme nouveau lui est odieux, noble ou non ; elle tâchait donc d'utiliser M. de Villèle, afin de pouvoir plus tôt se débarrasser de lui. Cependant il n'était pas sans crédit ; les étrangers aimaient à traiter avec lui à cause de sa souplesse financière, de son intelligence à saisir les affaires d'argent, et de l'effroi que lui inspirait toutes guerres ; celle d'Espagne fut entreprise malgré son avis, et certes sa conduite en cette circonstance acheva de le brouiller avec le clergé, qui déjà lui reprochait sa parcimonie. Ses ménagemens, sa temporisation, déplurent aux fanatiques. Les plus ambitieux saisirent ce moment pour se séparer de lui. Le furibond comte de La Bourdonnaye se mit à la tête de cette faction.

Le second de M. de Villèle était ce comte de Peyronnet, ancien prevôt de salle d'armes, qui apporta au ministère de la justice non les habitudes des d'Aguesseau, mais les manières d'un faraud de province. Il se raidit pour paraître digne, se gonfla pour se faire grave, devint insolent pour imposer silence au mérite, et parfois se grima en ogre afin de faire peur aux petits enfans : ce fut, à toutes les époques de son pouvoir, le plus cruel ennemi de la France, et celui qui chercha avec le plus de constance à lui ravir la liberté.

Il y avait là le comte Corbière, homme aux formes acerbes et constamment déplaisantes, qui méprisait les arts, les sciences, la littérature, et jamais ne s'occupa de son ministère, sachant qu'il n'était là que pour empêcher quelqu'un de venir le remplir; d'ailleurs, personnage obscur malgré son éclat éphémère, ver luisant incognito, qui est tombé sans bruit, et dont l'existence n'est prouvée que par le mal qu'il nous a fait.

Le comte de Chabrol tenait le porte feuille de la marine : il n'a jamais cessé d'être en scène, étant du nombre de ceux qui veulent être à tous, afin que tous soient à eux; il lui faut du pouvoir, des honneurs, de la fortune, de quelque part qu'ils viennent. M. de Chabrol fut dévoué à Napoléon comme un Chabrol, c'est tout dire; il le fut également à Louis XVIII, à Charles X cela devait être ; au duc Decazes, tant que le duc Decazes fut favori; au duc de Richelieu, ensuite à M. de Villèle, puis à M. de Polignac..... Les Chabrol, au reste, n'ont jamais trahi personne; ils ont seulement servi tout le monde. M. de Chabrol est d'une taille moyenne; il a, quoique sobre, cet embonpoint d'administrateur qu'on prend pour type en caricature, et le bel air d'un bourgeois aimable. Il manque d'éloquence et de finesse, et parle sans conclure, parce qu'il perd facilement le fil de ses idées; il a osé dire *que les fautes de l'administration devaient être ensevelies dans les entrailles de la terre*; c'est-à-dire que l'arbitraire, la force, le despotisme, fussent employés à cacher les fautes des fonctionnaires.

Le marquis de Clermont-Tonnerre, militaire d'antichambre dans la maison de Joseph Bonaparte, occupa le ministère de la guerre, où le portèrent les amis de l'étranger; ministre sans talens, et non sans douceur, il désorganisa l'armée de manière à nous rayer du rang des puissances de l'Europe, et son ignorance fit tout le mal.

Le baron de Damas, lancé au ministère des affaires étrangères, devint diplomate par imposition des mains; c'est la coutume d'agir ainsi à la cour de France. Faut-il un ambassadeur dans une circonstance difficile, est-il nécessaire que nos intérêts soient soutenus dans un congrès, convient-il d'appeler un nouveau ministre aux relations extérieures, on se met à feuilleter le nobiliaire, on calcule le plus ou moins de quartiers des candidats, et lorsque le plus noble a été reconnu, on se hâte de le lancer sans plus s'enquérir du personnage. Est-ce un homme d'esprit? tant mieux; est-ce un sot? ses titres sont en règle, et cela suffit. Nul n'a rien à lui reprocher, il est du bois dont on fait les négociateurs en titre. Jamais on n'agit autrement; aussi, tandis que dans les autres pays les hautes capacités sont appelées à remplir les ambassades, ou à diriger le conseil des monarques, le personnel de la diplomatie française ne se recrute que de nullités.

Ces hommes, choisis à l'avance par le roi, agirent selon ses vues. Il y avait à cette époque fatale, une chambre hideuse que nous nous rappelons, où les voix, les votes, les consciences étaient à l'enchère; où l'on vendait pièce à pièce les libertés de la France; où trois cent âmes damnées du pouvoir disposaient de notre honneur, de notre gloire, de notre indépendance. Reste du vil sénat de Tibère, plus méprisé encore, ces hommes d'argent, prêts à devenir des hommes de sang, approuvaient toutes les mesures désastreuses qu'on leur proposait, les lois du sacrilége, du droit d'aînesse, des rentes, contre la presse, l'indemnité: rien ne leur coûtait, car tout leur était soldé à chers deniers, et ils riaient des maux dont ils nous accablaient, et qui, sans l'opposition de la chambre, seraient montés au comble. L'insolence sacerdotale ne se contenait pas non plus; certaine d'être appuyée par des baïonnettes, elle demandait avec instance, et à découvert, le musèlement de la pensée, des lois atroces qui protégent les ambitions de l'autel. Des évêques ont osé exciter le monarque à répandre le sang de ses sujets.

Toute place était refusée aux hommes de mérite; il fallait que le talent fût excusé par la servilité, on ne lui pardonnait que lorsqu'il se prosternait à genoux devant la sottise. Les écoles d'enseignement mutuel étaient poursuivies avec un acharnement inexprimable; on ne voulait laisser parcourir les campagnes à aucun vendeur de livres, tant on craignait la propagation de l'amour de la lecture; on cherchait à effrayer les acquéreurs des biens nationaux; il n'était plus d'avancement pour le soldat roturier; tous les grades devenaient la proie du gentilhomme et de l'anobli; enfin on chassait des séminaires, quelle que fût d'ailleurs la ferveur de sa vocation, tout ecclésiastique qui avait des parens libéraux; les jésuites triomphaient, et M. Dupin même allait à Saint-Acheul leur porter son hommage.

Les choses étaient en cet état lorsque des inquiétudes furent remarquées par le ministère dans la chambre servile. La minorité courageuse prétendait que, malgré la septennalité, son mandat expirait; elle menaçait de cesser ses fonctions. La majorité elle-même, troublée par la contre-opposition La Bourdonnaye, embarrassait M. de Villèle. Il fallait encore briser la résistance de la chambre des pairs, en y jetant une multitude d'hommes sans vertus civiles, sans illustration militaire, sans gages de responsabilité morale.

Il y avait en outre, et par derrière le ministère, le parti Polignac, qui travaillait plus que tout autre à bouleverser l'ordre établi.

Les préfets promettaient des merveilles. M. de Villèle, qui a dit depuis que tous les préfets n'étaient que des sots, fit l'heureuse faute de s'en rapporter à eux; il créa quatre-vingts pairs tellement obscurs que dans leur nombre un seul surgissait, celui du maréchal Soult, et il cassa la chambre élective.

Les nouveaux membres qui la composèrent décidèrent la chute du ministère déplorable. Il tomba aux acclamations de la France, et à la consternation des étrangers. La cour, toujours imprévoyante, en eut seule de la joie; elle espérait le remplacer par ceux des siens qui auraient de l'influence.

Il y eut pour la cour une déception nouvelle. Le ministère ne lui appartint pas, soit que le roi craignît encore de porter son bien-aimé au commandement suprême, soit que le président du conseil, qui se retirait, conservât encore quelque crédit. On vit arriver là d'honnêtes gens remplis de vues saines, mais presque entraînés par deux hommes, l'un dangereux, l'autre inhabile, M. de Martignac et Portalis.

Le premier, sorte de successeur visible de M. de Villèle, se fit connaître dès son début par des phrases mielleuses et sonores; beau diseur, et rien de plus, il tournait la difficulté, ne sachant pas comment l'attaquer de front, et se pavanant de la victoire chaque fois qu'il n'avait su qu'éluder le combat. Il ne s'expliquait jamais avec franchise, allongeait sans fin les harangues, en annonçant qu'il ne donnerait pas son avis, et que même il n'en avait pas, nommant une commission là où il eût convenu de se décider à l'heure même.

Pour lui la liberté française n'était rien; il ne

visait qu'à devenir le favori du prince; mais attendu qu'il n'était pas gentilhomme, il ne pouvait en être que le commis.

L'autre personnage, qui eût passé inaperçu s'il n'eût pas été traité outrageusement et avec raison par Bonaparte, était une de ces nullités qui vivent sur la réputation de leur nom, qui ne sont rien par elles-mêmes, et qu'on croit être quelque chose parce que leur père l'a été ; incapable, demi-dévot, demi-mondain, craignant le diable plus que le roi, et songeant peu à la France; aspirant, lui aussi, au favoritisme, sans posséder rien de ce qui y fait parvenir. Il avait une piété trop peu éclairée pour disputer aux prêtres la majesté de la couronne et les franchises de l'église nationale. Il devait continuer le ministère Peyronnet et abandonner la magistrature aux volontés de la congrégation.

Les collègues de ces trois hommes valaient davantage ; il y avait parmi eux des vertus positives, et cette probité administrative si rare maintenant. Le comte de La Ferronnays, ministre des affaires étrangères, est gentilhomme de naissance, royaliste de religion.

Le ministre de la marine, Hyde de Neuville, autre royaliste, homme de bien et aux vues droites, apportait là le désir de tout concilier, désir dans lequel il était vivement appuyé par ses collègues MM. de Vatimesnil, de Caux, de Saint-Cricq et Feutrier. Tous avaient des qualités estimables, une vraie soif de la légalité, le besoin de consolider le trône en l'appuyant sur tout ce qui en assurerait la solidité ; mais leurs efforts devaient être vains : la cour, cette cour inhabile et ambitieuse, brûlait de les renverser.

Alors agit avec plus de vivacité que jamais un de ces hommes sans génie appelés à la confiance des souverains pour le malheur des nations ; un de ces prêtres déserteurs de la paix du sanctuaire, et qui portent leur turbulence au milieu des palais ; qui ne peuvent se tenir à l'écart malgré leur impuissance, et qui se croient aptes à manier le pouvoir parce que grande est leur envie de le saisir : le cardinal de Latil, digne successeur auprès de Charles X de l'inepte et féroce évêque d'Arras, somma son pénitent auguste de donner à un prêtre la présidence du conseil : il la voulait pour lui, et il l'aurait obtenue si l'ascendant de Polignac ne s'était interposé entre le roi et lui. Ce fut un combat singulier que celui de la superstition luttant contre l'affection paternelle, que cette ambition de courtisan opposée à celle de l'évêque. La camarilla se partagea entre les deux antagonistes ; chacun eut ses partisans : la famille royale était pour Polignac, et cependant ne repoussait le cardinal qu'avec peine, tant elle craignait le caractère sacré dont il était revêtu.

Au milieu de ces cabales, le roi flottait incertain, Polignac d'une part, le cardinal de l'autre ; il ne savait lequel écouter. Le nonce du pape lui remit sur ces entrefaites une lettre du saint-père, qui le conjurait de faire quelque chose pour l'église ; que les rois ses prédécesseurs avaient tous appelé des membres du clergé au timon du gouvernement : Richelieu sous Louis XIII, l'évêque de Beauvais, Mazarin sous Louis XIV ; les cardinaux de Fleury et de Bernis pendant le règne de Louis XV; enfin, l'archevêque de Sens avant la révolution. Charles X devait donc par un choix semblable manifester sa piété d'une manière éclatante, et fortifier réciproquement le trône par l'autel, l'autel par le trône.

Tandis que Rome agissait ainsi sur l'esprit du roi, quelques prêtres adroits cherchaient aussi à influencer Polignac, et à lui faire craindre sa damnation éternelle s'il s'opposait, dans son ambition personnelle, au plus grand avantage du clergé; mais ici il y avait au fond plus de l'homme que du saint. Polignac consentait à reculer l'instant de sa béatitude, pourvu qu'il pût régner terrestrement. Il lui fallait ce pouvoir dont on avait bercé sa jeunesse; et tout en protestant d'un dévouement sans bornes aux choses célestes, il ne travaillait pas moins dans son intérêt.

La contre-opposition royaliste avait un autre chef qui n'avait pas précisément les mêmes intérêts que le prince de Polignac, le comte La Bourdonnaye, plus royaliste que croyant, et méprisant en effet les jésuites dont il avait l'air de prendre la défense. Il connaissait M. de Polignac pour un sot, et se flattait d'en avoir bon marché, après avoir tiré parti de sa sottise.

Polignac alors, excité par La Bourdonnaye, sentant sa position, éluda de donner le désistement qu'on attendait de lui, promit de faire plus pour le clergé que ne pourrait faire un membre même de cet ordre, et pour mieux triompher, opposa à la bulle du pape une lettre de Wellington. Ce fut assez pour vaincre Charles X, mais ce n'était rien encore, tant que le cardinal ne se serait pas désisté lui-même de ses prétentions.

Pour parvenir à ce résultat, les jésuites, devenus les partisans de Polignac, qui leur offrit de se laisser conduire uniquement par eux, dépêchèrent le père Loriquet, qui est à la fois le Figaro et le Basile de son ordre.

On devine aisément quelles furent les précautions oratoires, les ménagemens du négociateur, et la colère de l'éminence. Le messager de Polignac fut mal reçu ; il invoqua pieusement l'intérêt de l'église, qui dans cette circonstance exigeait un sacrifice. Le cardinal répondit avec véhémence :

«—Et ne sais-je pas de ceux qui nous ont soustraits, vous et moi, que la grandeur de la religion est inséparable de celle de ses ministres ? »

«—Votre éminence, répliqua Loriquet, occupera dans le ciel une place d'autant plus élevée que sur la terre elle en aura dédaigné une plus brillante. »

«—Et ne savons-nous pas, répondit le cardinal, que ceux de notre ordre font leur salut dans tous les états ? Je veux, moi, faire le mien dans celui de ministre. Quant au portefeuille, peu m'importent les affaires étrangères, les finances, la guerre : ce qu'on voudra, pourvu que j'aie un département à conduire. »

La discussion se prolongea ; une personne

très-instruite affirme que Latil, en s'adjugeant la présidence du conseil, faisait garde des sceaux l'imbécile cardinal de Clermont-Tonnerre; qu'il donnait au cardinal de La Fare le ministère de l'intérieur; à Forbin, évêque de Nancy, celui de la guerre; à Bonald, évêque du Puy, la marine; à l'évêque de Samosate les affaires étrangères ; à lui les finances, et à l'évêque d'Hermopolis les affaires ecclésiastiques.

C'était de la folie, mais un cardinal ne doute de rien. Il ne voyait pas la nation, car il ne la rencontrait pas aux Tuileries, où il n'y avait que des valets titrés et de bas flatteurs. Ceci déplut même au roi; il en témoigna son mécontentement au directeur de sa conscience, qui, épouvanté de la bouderie de son pénitent, ajourna jusqu'à de meilleurs temps ses projets, et consentit à ce qu'on le mît de côté dans l'espoir qu'il tarderait peu à troubler la conscience royale et à reprendre son ascendant.

Polignac et La Bourdonnaye, libres de ce côté,

dressèrent la liste de leurs futurs collègues : elle fut composée de Courvoisier, de M. de Rigny, de M. de Chabrol, et de Bourmont.

En attendant que le ministère pût entrer en plein exercice, on travailla contre les excellences en pied. Elles faisaient de leur mieux, présentant à la chambre ces lois si nationales, concernant la liberté de la presse et les listes électorales: les lois sur les conseils de commune, d'arrondissement, et de département, ne réunirent pas ainsi tous les suffrages. Il y eut division dans la chambre des députés; les deux extrémités de la chambre se réunirent pour en changer les dispositions principales : la gauche par conscience; la droite parce qu'elle savait que si on changeait quelque article important, la volonté du roi était que les lois fussent retirées. Le coup ainsi monté eut lieu. On sait avec quelle brutalité MM. de Polignac et de Portalis allèrent demander au roi une vengeance préparée à l'avance, et comment en la promulguant ils rompirent la chaîne qui liait la chambre au trône. La conséquence de cette déclaration fut le renvoi des ministres au 5 août de l'an passé, et un sentiment de haine que le roi voua aux membres de la chambre élective.

## CHAPITRE III.

Le ministère du 9 août fut long-temps appelé le ministère impossible, d'après une plaisanterie métaphysique de M. Royer-Collard ; il s'est tant de fois décomposé et recomposé quant au personnel de ses membres secondaires, que cette plaisanterie s'est trouvée une excellente définition. M. de Rigny fut le premier qui de lui-même refusa de siéger parmi ces ministres de la contre-révolution, craignant de compromettre la gloire de Navarin, en la rendant complice d'une intrigue de cour.

On ne s'attendait pas à son refus du portefeuille de la marine : les gens du bord de Polignac acceptent tout, et surtout ne se démettent jamais, cramponnés au pouvoir, dussent-ils entraîner la monarchie avec eux. Il fallait un marin à la place de M. de Rigny, on prit un administrateur de terre-ferme; le télégraphe délivra Bordeaux de M. d'Haussez, et il y eut un mannequin de plus dans le ministère.

Cet homme d'état, ou que du moins on nomme tel, est Normand. Il prit parti dans les troubles de la Vendée, fut chouan, et ne resta pas étranger à la conspiration de George Cadoudal; il s'accommoda depuis avec Napoléon, le servit avec tant de zèle que le titre de baron de l'empire lui fut accordé, ce qui ne l'empêcha pas d'être un des premiers à abandonner la fortune de ce grand homme. Appelé à la chambre des députés, dont il a toujours fait partie depuis 1813, il se montra fidèle aux inspirations de M. Decazes, et vota constamment contre M. de La Bourdonnaye ; et plus tard il vota au gré de M. de Villèle, s'assouplit encore davantage à l'école du vicomte de Martignac, et entra au ministère, décidé à suivre toutes les inspirations de Polignac, qui fit de lui son enfant chéri.

Le garde des sceaux Courvoisier se mourait d'envie d'être libéral, mais sa piété mal entendue le rejeta dans le parti contraire. Il est un de ces caractères qui ont tout à demi, et jamais tout complètement; ou plutôt ils sont ce que veulent qu'ils soient ceux qui les poussent. Le pouvoir lui plaît, et il tient à la considération; l'alternative est embarrassante : c'est une girouette rouillée qui ne fait son service que par un grand vent.

Le baron de Montbel, improvisé à l'instruction publique, jouissait à Toulouse d'une réputation justement acquise d'administrateur pieux avec sincérité; bon orateur dans une mauvaise cause, il était fait pour parcourir une carrière honorable, et son entraînement pour la royauté vient d'amener sa perte; il s'est rendu coupable par obéissance, et tout son tort est dans sa faiblesse et dans l'ascendant que la volonté du monarque a sur lui.

Elevé à la brochette par le despotisme, pouvait-il vouloir de la liberté? Qui a fait son éducation diplomatique? quels cours de droit public a-t-il suivis en France? Courtisan, conspirateur, prisonnier, voilà de quelle manière il est parvenu à la restauration. Sa femme est anglaise, sa fortune est en Angleterre; ses enfans sont élevés en Angleterre; il ne connaît que Londres. Etait-ce là le chef d'un ministère français? Ses yeux ternes annoncent son impuissance; il n'aime que la tyrannie, substituant à la religion des pratiques superstitieuses; à genoux devant une relique, disant son bréviaire au lieu de s'occuper des affaires d'Etat.

M. de La Bourdonnaye aurait bien voulu qu'on le prît pour Gargantua ou pour Briarée : il se serait accommodé de la haine, s'il avait pu faire peur; mais on n'est pas géant parce qu'on se hisse sur des échasses; et des trompettes, si criardes qu'elles soient, ne font pas toujours tomber les murailles de Jéricho; les petits enfans ne devaient donc pas s'épouvanter de M. de La Bourdonnaye.

Le comte de Chabrol, dont j'ai parlé plus haut, occupa les finances; on a dit avec raison qu'il apprendrait au roseau à plier, à la couleuvre à glisser, au renard à se démêler des embarras d'une chasse. Il a prouvé que son talent supérieur consiste à savoir faire retraite à propos.

Il y a long-temps que je vois Polignac; ce long corps soutient une tête légère. C'est le problème résolu du vide plein : il débuta par être conspirateur et ne sut être que dupe. Il sort d'une famille funeste à la France; les Bourbons lui doivent et lui devront tous leurs malheurs; elle était pauvre quand elle parut avec éclat à la cour, et elle dévora des millions qui ruinèrent le trésor de l'Etat. Les Polignac ne sont pas de la famille dont ils portent le nom, il leur est venu par héritage. On s'était mis en tête que le prince Jules devait être quelque chose. Il aime Charles X comme son père, il vénère Wellington comme son tuteur. Superstitieux dans sa suffisance, il ne prêta serment à la Charte qu'après s'être fait d'avance absoudre pour la violer.

M. de La Bourdonnaye était un feu sans aliment, et qui brûle néanmoins ; c'était une colère perpétuelle, une manie de hurlemens qui ennuyait ; c'était l'homme des catégories, et le frénétique auquel il fallait *un peu de sang*, pour apaiser sa soif et sa fureur ; c'était le dieu du brouillard, l'Hercule de l'impuissance ; il se démenait tant qu'il s'épuisait d'abord ; il se mit a crier : « Me voici, » et l'on se moqua de lui ; il était déjà arrivé, qu'on le croyait encore en route ; et son épée de bois, qu'il avait fait peindre en couleur de fer, se brisa dans sa main ; il croyait celle-ci forte, parce qu'il l'avait pesante, et s'attribuait le génie, parce qu'il était perpétuellement sous l'empire du cauchemar ; il entra au ministère avec le mandat unique de livrer bataille, et son premier coup d'autorité fut de battre en retraite, c'est un génie noir ; il avait jeté tout son feu en paroles vaines, et quand il put tenir le gouvernail, il s'aperçut trop tard qu'il manquait de boussole ; enfin, pour comble d'affront, il se vit contraint de jurer par la Charte, lui qui avait vomi tant de gros mots contre elle, et qui ne venait que pour nous l'enlever.

Il a pendant quinze ans couru après le pouvoir par toutes les voies imaginables : s'il avait réussi, la France aurait été perdue; mais Dieu voulut qu'il ne réussît pas.

Une dernière insulte restait à faire à la nation, celle de placer à la tête du gouvernement ce misérable transfuge, ce déserteur de Waterloo, qui, fier de son infamie, ne craignit pas de souiller le pouvoir en l'acceptant; Bourmont enfin, dont le nom, en exécration à la patrie, ne sera jamais prononcé qu'avec horreur; Bourmont, devenu le seul maréchal de France que puisse avouer Wellington pour son collègue. Polignac, qui ne put trouver pis, nous l'imposa pour ministre de la guerre.

Telle fut la composition de cet infâme ministère, entièrement formé dans le but de nous perdre, et qui néanmoins trembla lui-même dès son entrée en fonction. Ce fut une chose étrange que ce choix d'élémens hostiles, et l'inaction dont il fit preuve une fois parvenu au poste d'où il devait nous attaquer. Frappés des renseignemens qui leur parvenaient de toutes parts, ces ministres vendus à une couronne perfide, ce *caput mortuum* de la cour et du sacerdoce, s'épouvanta de ses propres desseins, et voyant enfin face à face le peuple qu'il venait livrer aux fers, en eut peur et resta là.

Cependant sa malfaisance ne pouvait rester tranquille; elle se tourna contre elle-même, et, pour passer le temps sans trop d'impatience, se mit à se dévorer faute de mieux. Les hommes *monarchiques et religieux* sont les plus avides d'argent et de pouvoir; l'argent, le pouvoir, sont leurs dieux véritables, tandis qu'ils feignent d'adorer l'église et le roi. La Bourdonnaye, en entrant au ministère, y était venu avec la pensée secrète d'écarter Polignac; il avait pour lui les absolutistes furieux du parti, ceux qui demandaient du sang, et auxquels il en fallait encore. Il s'environna des plus forcenés, de ce Trouvé par exemple, élève de Marat, et qui dans le *Moniteur* de 1793 et 1794, exhala une partie de son venin; Trouvé odieux à la république milanaise, à laquelle il fit tant de mal; *sans-culotte* chez le roi de Naples, et depuis ardent valet de Napoléon; Trouvé, qui répandit la terreur et la mort dans le département de l'Aude en 1815, et à qui tant de familles, entre autres celle du général Chartrand, ont à demander compte du supplice de certains de leurs membres.

Lourdoueix ne fut pas oublié non plus; Lourdoueix, plate caricature dans les habitudes de sa personne, chef odieux de toutes les censures secrètes et patentes qui ont pesé sur nous depuis la restauration; affilié à une femme sans mœurs, achetée à son mari, et à laquelle il faisait donner des prix de morale et des pensions sur la cassette du roi; Bénaben, secrétaire du fameux tribunal de censure; de Boisbertrand, l'un des plus sots ennemis de notre liberté; de Liège; Genoude, ou le chevalier de Genoude; Pain; en un mot toute la race impure du tartare ministériel. La Bourdonnaye se les donna pour collaborateurs, et nous menaça de leur colère hydrophobique; ce furent les enseignes de son ministère, les prophètes sinistres qui nous apprirent en se montrant ce qu'on nous réservait.

Il y eut dès ce moment une guerre active dirigée de la part de cette bande contre les lumières, les sciences, les arts; la proscription pesa sur tout ce qui avait de l'honnêteté, de l'indépendance; on enleva aux hommes instruits leurs pensions, pour les donner à des misérables sans pudeur, ou à des filles publiques qui valaient mieux qu'eux sans doute.

Mais c'était peu encore : La Bourdonnaye était impatient de se ruer sur le peuple en masse; il s'indignait de la frayeur de Polignac; il allait partout le taxant d'impéritie, et cherchant à ameuter les courtisans contre lui. Polignac dans sa stupidité avait de l'ambition; il comprit sans peine combien il lui serait difficile de marcher avec un tel collègue; il résolut de s'en débarrasser. Ici commença une lutte animée; toutes les mesures extrêmes que le Premier proposait étaient repoussées par le second. M. de La Bourdonnaye, dans une dispute, ayant demandé vivement à Polignac s'il avait peur de la révolution :

—« Ni d'elle ni de vous, » lui fut-il répondu.

On se querella, Charles X intervint, et La Bourdonnaye sortit du ministère.

## CHAPITRE IV.

Ce ministère, qui était le va-tout de la royauté, choisi par elle, et dont l'homogénéité était la plus grande vertu ; ce ministère enfin, destiné à voir briser contre son rocher inébranlable toutes les vagues de la révolution, fut dissous et perdit son importance dès le moment où l'un de ses membres en fut détaché. On vit à découvert toute cette jonglerie d'égoïsme; on reconnut que les royalistes purs étaient uniquement des ambitieux avides, qui faisaient la guerre aux principes pour leur compte et au nom de leur prétendue loyauté. Ceci ajouta au mépris qu'inspirait cette cause, et acheva de la déconsidérer.

M. de Montbel, ministre complaisant d'une cour où ses bonnes intentions étaient appréciées, quitta l'instruction publique pour prendre le portefeuille de l'intérieur. Il fut remplacé par un de ces hommes nuls et obscurs dont on ne parle ni avant leur mise en lumière, ni quand ils sont rentrés dans leur première obscurité; cinquième roue de toute nécessité au carrosse politique. M. Guernon-Ranville, frère d'un maître d'écriture, et lui-même d'abord répétiteur dans je ne sais quel collége, apporta au ministère un surcroît d'impuissance; jeté dans un coin du couloir, il y végéta sans ouvrir la bouche, opinant de tête et prenant pour maxime des Polignac, que quand on pense beaucoup, il est inutile de parler.

Ce fut ainsi que nous arrivâmes à la fin de 1829, et jusques en face de la chambre convoquée dans les premiers jours de septembre 1830, les députés en majorité, las de la conduite du ministère, fatigués non moins de la manière dont le roi donnait l'impulsion aux affaires, connaissant d'ailleurs par eux-mêmes le mécontentement de la nation, essayèrent dans une adresse respectueuse, modèle de sagesse, de circonspection et de ménagement, d'avertir Charles X du peu de confiance qu'inspiraient ses agens aux classes diverses de la société.

Jamais fureur plus brutale n'éclata à la cour contre les représentans légitimes de la France ; la chambre fut sur-le-champ prorogée ; les gazetiers vendus au pouvoir, vrais démons subalternes du *pandemonium* ministériel, se mirent à calomnier, ou à ergoter au profit de leurs chefs ; prodiguant surtout leurs insolentes diatribes à cette chambre si digne, si calme, si réservée ; sa prudence fut taxée de folie, sa raison de crime, ses conseils de sédition ; on épuisa toutes les formes de l'injure ; on dévoua chacun des 221 votans de l'adresse, aux poignards des assassins de leurs départemens respectifs. Quatre mois n'avaient pu épuiser le délire. Mardi dernier les lâches jetaient encore à nos mandataires la boue infecte et sanglante des attentats de 1815.

Cependant une nouvelle dislocation avait lieu dans le ministère Polignac; les hommes si unis se querellaient sans cesse, une majorité presque raisonnable y existait, composée de MM. de Montbel, Courvoisier, Chabrol et d'Haussez; elle embarrassait les *zelanti* et le chef suprême; il fallut la briser, et MM. de Courvoisier et de Chabrol donnèrent leur démission, ou plutôt la reçurent très-heureusement pour eux. On appela pour les remplacer le comte de Peyronnet, qui prit le portefeuille de l'intérieur, ( M. de Montbel passa aux finances ); et M. de Chantelauze, tome second de Guernon de Ranville, qui remplaça le garde des sceaux, au ministère. En outre fut créé, afin d'introduire dans le conseil une des forces prépondérantes de la monarchie, le baron Capelle, ancien comédien, ex-préfet impérial, homme de seconde capacité, à qui, pour qu'il pût faire son chemin, on composa un ministère des grandes routes, etc.

Polignac comptait, pour l'exécution de ses projets à venir, sur l'éloquence Chantelauze, sur le courage Peyronnet, et sur la dextérité Capelle; il dit à ce propos à sa maîtresse, qui habite Meudon et qui est Anglaise, car rien de français ne lui plaît :

— « Avec ces trois hommes, je rangerai au pas la canaille des patentés et des gens de lettres. »

La venue de Peyronnet au ministère, sous Villèle son chef, causa une sorte de scandale parmi les nombreux partisans de celui-ci; on cria à la trahison : Peyronnet pour toute réponse et levant les épaules, se contenta de dire :

— « Est-ce que vous me croyez d'humeur à payer de ma poche la salle à manger de l'hôtel de la chancellerie? »

Il n'était pas de réplique à cet argument péremptoire, et nous dûmes nous résigner. La France dut s'attendre à tout après un choix aussi menaçant; on retrouvait en lui le principe de toutes les turpitudes de l'avant-dernier ministère, les lois du sacrilége, de justice et d'amour, de la septennalité.

La haine qu'inspira ce ministre, la sorte de terreur qu'il fit naître, donnèrent quelque jalousie à Polignac, qui trembla de le voir accepter; en conséquence, et pour se relever parmi ceux de son parti, il se décida à casser la chambre. Ce fut une grande mesure dont son incapacité ne lui permit aucunement de concevoir toutes les conséquences; il se crut vainqueur par cela seul qu'il avait évité de combattre, et ne douta pas un seul instant que ses adversaires ne se tinssent pour défaits complètement, par cela seul que la chose lui serait agréable. Il s'arrangea en conséquence, fit signifier par les journaux ses organes qu'il verrait avec déplaisir la réélection des 221 ; et par suite, qu'on n'eût pas à les nommer. Le stupide prince romain se figurait la France pareille à son antichambre, où ceux qui venaient ne savaient que l'aduler à genoux.

Tandis que les élections nouvelles se préparaient, il cherchait des appuis dans les diverses parties du monde; il demandait à la sainte-alliance secours et protection en cas de besoin, et l'un de ses agens secrets signait avec le prince de Metternich un traité dont voici les dispositions principales :

Art. I$^{er}$. Il y aura paix et alliance entre leurs majestés apostolique et très-chrétienne.

Art. II. Sa majesté Charles X s'engage, pour lui et pour ses successeurs, à reconnaître le droit à la couronne de France du duc de Reichstadt, dans le cas où le duc de Bordeaux viendrait à mourir sans postérité, et ce, à l'exclusion perpétuelle des autres branches de la maison de Bourbon.

Art. III. Sa majesté Charles X, ou son successeur, dès après le décès du roi de Sardaigne actuellement régnant, garantira la succession de ce prince, c'est-à-dire la couronne de Sardaigne et de Piémont, à son altesse impériale

François IV, archiduc d'Autriche et duc de Modène; à cause du droit de l'archiduchesse sa femme Marie-Béatrix-Victoire-Josèphe, fille de feu Victor-Emmanuel, roi de Sardaigne, et au détriment du prince de Savoie-Carignan, qui recevra en indemnité une des îles de la Grèce.

Art. IV. Sa majesté très-chrétienne paiera pendant vingt ans une somme de vingt millions à sa majesté apostolique, pour l'indemnité des frais et pertes de guerre qui n'ont pas été réglés définitivement.

Art. V. Sa majesté apostolique mettra à la disposition de sa majesté très-chrétienne une armée de cent mille hommes, qui débouchera en deux corps, soit par les bords du Rhin, soit par les Alpes, pour être employée dans l'intérieur du royaume de France, à maintenir la paix et la tranquillité que les conspirateurs libéraux se préparent à troubler, en retour des mesures conservatoires que le gouvernement royal va prendre pour sa légitime défense.

Art. VI. Cette armée, entièrement soldée par la France, recevra le même traitement que les corps suisses au service de sa majesté très-chrétienne.

Art. VII. Cette armée demeurera cinq ans en France. Sa majesté très-chrétienne s'interdit la faculté de la renvoyer avant ce temps, et, pour gage de sa parole, remettra aux divers chefs des troupes autrichiennes le commandement des citadelles de Bayonne, Perpignan, Grenoble, Strasbourg, Lille et Besançon.

Art. VIII. Sa majesté apostolique augmentera le nombre de troupes d'occupation amicale, si elle en est requise par sa majesté très-chrétienne; et dans ce cas, ce surplus sera également payé, selon qu'il a été réglé dans l'article VI du précédent traité....

Cette pièce importante, cachée soigneusement à tous les yeux, fut cependant enlevée à Polignac, qui en avait confié une copie à sa maîtresse; on la mit sous les yeux d'un autre ministre, qui se contenta de faire un geste de douleur, et de dire à demi-voix : « Cet homme perdra la France. » Voilà, Français, le traître qui au préalable vous vendait à l'étranger, afin de conserver le droit de vous faire mitrailler à son aise. Ce traité onéreux aurait reçu son exécution, si on l'eût jugé nécessaire d'abord; mais on ne pensait en avoir besoin qu'après la réunion de la chambre illégitime qu'on se préparait à convoquer; et c'était pour régler les dernières dispositions de cet accord, que le comte d'Appony était parti naguère si précipitamment de Paris, pour aller au Joannisberg, rejoindre M. de Metternich. J'espère que cet ambassadeur insolent, qui osa tenter d'arracher à nos guerriers illustres les titres que leur donnèrent de grandes victoires, cessera de représenter parmi nous son souverain.

D'une autre part, Polignac négociait avec l'Espagne, non que l'Espagne pût le secourir efficacement, mais elle devait envoyer sur les frontières les bandes féroces de son ancienne armée de la foi, pour contenir les libéraux du midi de la France, c'est-à-dire pour les égorger. L'Espagne, en récompense du service rendu, obtiendrait dans les Pyrénées les parties de territoire contestées, et pour lesquelles les Béarnais et les Basques se battent dans ce moment avec tant de valeur, à la honte éternelle du gouvernement tombé, qui les abandonnait déjà aux Espagnols.

La Prusse et les Pays-Bas n'étaient pas oubliés. La Prusse préparait un œuvre pareil à celui de l'Autriche; les négociations avec Bruxelles étaient moins avancées. Wellington avait promis un concours efficace à Polignac son élève, mais sans trop s'expliquer, sous la seule condition d'occuper au nom de l'Angleterre, mais sous son commandement particulier, pendant vingt ans, la ville de Calais et son territoire.

La Russie seule, parmi les grandes puissances, avait refusé toute coopération à des coups d'état, et même fait dire que ce que le roi de France avait de mieux à faire, était d'observer strictement la Charte, seule garantie de tranquillité.

D'une autre part, on pressait l'expédition d'Alger ; c'étaient les libertés de la France qu'on voulait vaincre dans cette ville.

Polignac avait dit à Charles X :

« — Sire, votre ancienne couronne vous sera rapportée par l'armée victorieuse à son retour d'Afrique. »

Nul aussi ne se trompa sur les conséquences attendues de cette belle et funeste victoire. Les cent coups de canon qui l'annoncèrent à Paris retentirent dans le cœur des citoyens, comme le glas de mort de la Charte et de la liberté. Bourmont disait dans un accès de gaîté affreuse :

« — Les damas turcs nous déferont des libéraux. »

Les sommes immenses qu'on espérait trouver et qu'on a trouvées en effet dans le trésor du dey, auraient payé le dévouement des séides, l'avidité des jésuites, et les premiers subsides à l'Espagne et à l'Autriche ; ainsi l'on nous aurait accablés avec nos propres ressources, avec le fruit de nos conquêtes et d'une armée victorieuse. Avec ces hommes, on aurait fait une armée de parricides qui eussent déchiré le sein de la patrie ; ce crime odieux n'a pu être consommé.

Telle était donc la position de la France au moment de la dissolution de la chambre ; telles étaient les dispositions hostiles et sacriléges prises contre elles par son chef, par les ministres. Notre abaissement, notre ignorance, notre ruine, voilà ce que l'on complotait.

« —Nous ne vivrons tranquilles, disait Peyronnet à Charles X, que lorsque chaque boutiquier fera une banqueroute complète par an, et lorsque tous ceux qui sauront écrire, écriront en face de la Bastille et de la potence. »

Ces paroles étaient la substance de la contre-révolution que l'on préparait ; on la faisait venir de loin. Charles X le premier déclara la guerre à son peuple, par sa proclamation électorale, dans laquelle, cessant de se montrer roi constitutionnel, il est descendu dans la lice de la polémique, et ne pouvant se faire guerrier, s'est fait pamphletaire.

Mais ce roi sans vertus royales parla en vain le langage du fanatisme et du pouvoir absolu à un peuple qui ne voulait pas l'entendre. Les colléges électoraux, comprenant les vrais intérêts de la patrie, décidèrent en principe la réélection des 221 proscrits; en vain toutes les voies de terreur, de complot, furent employées pour les épouvanter ou les détourner de leurs devoirs; fermes et probes, ils résistèrent aux séductions, aux menaces, et remplirent noblement leur mandat; une majorité formidable d'hommes constitutionnels se forma, terrible à son tour par ses qualités supérieures, et pourtant encore clémente, et parlant toujours de paix et de conciliation au roi qui ne voulait plus que la guerre, et qui montrait déjà de l'impatience à répandre notre sang.

Toutes les ressources lui avaient déjà manqué;

déjà le clergé était sorti sans succès de la sainteté de son ministère; le canon d'Alger avait tonné sans effet moral; les bandes d'assassins du midi avaient mal commencé, car le meurtre n'était pas commis encore; les autorités incertaines n'avaient su prendre que de fausses mesures.

## CHAPITRE V.

Plus on approchait de l'époque de la réunion des chambres, plus il y avait de l'incertitude et de la fureur parmi les conseillers de la couronne; leur ambition les excitait à pousser les choses à l'extrême. Le sentiment de leur faiblesse les retenait; lâches et présomptueux, avides de pouvoir, altérés de sang, ils proféraient d'horribles menaces, ils aspiraient à décimer la France, à la priver de ses meilleurs citoyens; ils se réunissaient pour préparer des listes de proscription : on les dressait chez Polignac après qu'elles avaient été revues par

Chantelauze et par Peyronnet ; elles englobaient non-seulement soixante-huit pairs de France, cent trente-sept députés, mais encore les principaux chefs de l'opposition. Dans chaque département, les procureurs du roi faisaient en général ce travail. Il paraît prouvé que, sur le refus du procureur général de la cour royale de Toulouse de désigner ainsi les concitoyens aux fureurs ministérielles, le sieur P...., procureur général de la cour de M...., avait, dit on, pris sur lui de faire connaître ceux des Toulousains qu'il fallait proscrire.

Parmi les malheureux qui devaient être les victimes des vengeances de la cour et du jésuitisme, on avait fait cinq catégories : la première, formée de ceux qui périraient sur l'échafaud; la seconde, de ceux destinés aux travaux forcés; la troisième, plus nombreuse, serait expédiée à Alger et renfermée dans les prisons de la Casauba; la quatrième resterait en prison en France; et la cinquième serait bannie en Espagne.

Il n'était pas de folie cruelle qui ne passât par

la tête de ces hommes de sang; ils voulaient, au nom de la royauté, renouveler les horreurs de 1793. *La couronne*, disait l'un d'entre eux, *aura son 31 mai;* ils se flattaient de nous écraser sous une verge de fer, car ils nous avaient mesurés à leur faiblesse et à leur impuissance: c'étaient des lâches qui nous croyaient lâches comme eux; rien ne les avertissait, dans leur cervelle étroite, que le patriotisme donnerait des forces, et que le lion parce qu'il est endormi n'a rien perdu de sa vigueur. Non, ils ne voyaient qu'eux-mêmes dans nous, ils nous rabaissaient à leur niveau de pygmées; et attendu qu'ils se sentaient capables de fuir le péril venu, ils ne doutaient pas que nous ne courbassions notre tête. Un affidé d'un ministre, et admis à sa confiance la plus intime, écrivait à Toulouse la lettre suivante:

« Préparez-vous, P..., à ce qui va arriver; le
» moment est venu où l'on nous tiendra ce qu'on
» nous promit en 1815, nos biens confisqués, et
» ceux des libéraux en dédommagement. Nous al-
» lons tenter un grand coup; le prince de Poli-

» gnac disait: Rien que deux charges de gendar-
» merie et quatre coups de canon à mitraille ré-
» soudraient la question, ajoutant que Dieu
» devrait, par sa puissance, placer à la bouche
» de ceux-là les chefs jacobins qui agitent la
» France.

» Que les verdets et les autres compagnies se-
» crètes préparent leurs armes, le ministère leur
» taillera de la besogne; il faut, dans tout le dé-
» partement, comme il y aura dans tout le
» royaume, un nouveau 15 août 1815. Qu'Au-
» guste de Cambon ne soit pas épargné, non
» plus que Malaret, Mauriac, Chaptibe, Cate-
» lan et consorts : il faut en finir pour cette fois.
» Quant aux Toulousains ennemis du roi qui
» sont à Paris, nous nous en chargeons: Lamo-
» the ne sera pas épargné, lui à qui Monsei-
» gneur a eu la faiblesse de faire offrir par Bas-
» toulh une préfecture, et qui a refusé en haine
» de la royauté légitime.

» Nous agirons bientôt, plus tôt qu'on pense
» Ne vous reposez pas sur la pensée que nous

» reculerons ; cette fois-ci c'est pour tout de bon,
» et tout le vin qu'on aura tiré il faudra le boire.
» Je présume que les rédacteurs de *la France*
» *méridionale* ne seront pas oubliés; *on leur doit*
» *la première politesse.* L'argent ne manquera
» pas ; promettez-en à nos hommes, soit celui
» d'Alger, soit celui que l'on tirera de la bourse
» des traîtres : il faut qu'il n'y ait plus un seul
» jacobin riche, ni même aisé. Faites prier Dieu
» pour qu'il nous assure la victoire ; je me re-
» commande aux prières de l'abbé Vaquié ; ce-
» lui-là est un des nôtres, il n'oubliera pas l'abbé
» d'Auzat...., etc. »

C'était de cette manière qu'on annonçait le terrible coup d'état, que l'on aiguisait les poignards du midi. Un de mes amis, très-avant dans les secrets du parti depuis 1814, vint me prévenir de ce qui se tramait, en s'enveloppant toutefois de quelques réticences.

« — La cour, me dit-il, ne peut plus supporter l'insolence des écrivains qui travaillent sans relâche à la perdre et à l'avilir. Je sais qu'on ne veut laisser de plumes libres que dans les mains de Madrolle et de Cottu. Il faut que le peuple désapprenne à lire; on ne peut le conduire que fanatique et ignorant.

» — Mais pensez-vous, répliquai-je, que cela soit facile? n'y aura-t-il pas de la résistance à l'accomplissement d'un pareil dessein?

» — Non, car on frappera instantanément au même jour et à la même heure, sur toute la surface du royaume.

» — Ainsi, sans agression flagrante, nous serons punis?

» — Oh! non pas, s'il vous plaît; on espère bien que vous tenterez quelque petite révolte; après cette levée de boucliers, tout deviendra légitime. Ainsi, croyez-moi, changez de maxime, vous en aurez du profit; Son Excellence vous aime, elle répondra de vous, elle vous fera regarder comme une acquisition précieuse, et une bonne place qui vous sera donnée prouvera aux libéraux gens d'esprit, que le gouverhement, avant de sévir, ne demande pas mieux que de traiter avec eux. »

Je refusai ce pacte criminel, car j'ai une conscience, et je ne voulus pas plus trahir la patrie en 1830 que je n'avais voulu la trahir en 1814, en présence de Wellington; il me revenait donc de toutes parts des renseignemens sur l'attitude hostile du ministère.

« Que craignons-nous, disait-il, en poussant à bout le libéralisme? Rien sans doute; il fera comme le scorpion, il se tuera lui-même en désespoir de cause. L'exemple de la rue Saint-Denis est là, nous le renouvellerons avec plus d'efficacité sur les quais, les boulevards et les places publiques. Il faut foudroyer physiquement le libéralisme, puisque nos raisons et nos séductions ne peuvent rien sur lui. »

Au milieu de cette folle imprévoyance, lorsque la main de Dieu répandait sur le conseil du monarque

Cet esprit d'imprudence et d'erreur
De la chute des rois funeste avant-coureur,

quelques amis sincères de Charles X, courtisans cependant, essayaient de lui faire entendre un langage plus conforme à la vérité et capable de lui ouvrir les yeux. Le comte de Glandève, gouverneur du château des Tuileries, lui exposa la situation véritable des choses, lui montra toute la France d'une part et son ministère de l'autre.

On sait de quelle manière il fut répondu au comte de Glandève. On le menaça de sa destitution s'il calomniait les intentions de ce *pauvre Jules* (Polignac); on déclara que le pouvoir qui cassait une chambre pourrait également destituer un gouverneur de château royal.

Le duc de M... ne fut pas plus heureux quand il montra le même zèle; sa résistance fut punie: un ordre du roi l'envoya dans ses terres; il eut la bonté d'obéir.

Le clergé tenait un autre langage. Les cardinaux qui environnaient le roi l'excitaient chaque jour à marcher d'un pas plus ferme dans la route de la contre-révolution. Ils lui représentaient que cette sainte entreprise lui ouvrirait l'entrée des portes du ciel. Aussi, dès qu'il eut résolu sa perte, il reçut de son directeur la permission de déposer le cilice que le peuple trouva dans sa chambre, lors de son irruption dans les Tuileries.

Le conseil de conscience convoqué décida que, lors même que le serment du sacre serait obligatoire, le roi possédait dans l'article 14 de la Charte le droit de tout bouleverser à sa fantaisie pour la plus grande gloire de Dieu et dans l'intérêt du trône.

Les élections si contraires aux espérances du parti, l'impossibilité au ministère de se présenter en face de la chambre, hâtèrent le moment du dernier attentat. On sut qu'un conseil extraordinaire avait dû être employé à résoudre les plus hautes questions. L'épouvante fut universelle, les fonds tombèrent rapidement, les affaires cessèrent, chacun se demanda avec consternation ce qu'on avait résolu dans ce conseil funeste.

Tout à coup *on sut* que l'on s'était tourmenté

sans motif, que nul coup d'état n'aurait lieu, que les ministres, se renfermant dans la Charte, supporteraient les reproches de la chambre des députés, ne leur répondraient pas, mais proposeraient de bonnes lois en harmonie avec la constitution. En même temps, on vit partir les lettres closes que chaque député devait recevoir. Ainsi *on sut* de quoi le conseil s'était occupé, tant l'hypocrisie et l'astuce jésuitiques avaient fait de progrès parmi les membres du gouvernement.

Samedi 24 juillet, le baron Rotschild arrive chez Peyronnet un peu avant l'heure du dîner, et lui dit :

« — La Bourse, en pleine baisse, se raffermit un instant; mais les inquiétudes sont extrêmes. On parle plus que jamais de mesures extra-légales, d'actes de violence qui compromettront les hommes et les fortunes. Je viens ici m'en expliquer franchement avec vous; je suis ici non un simple banquier, mais un agent financier de plus d'une cour de l'Europe. Vous exposez la paix générale, si, sur la foi de vos paroles, je me livre à des opérations qui peuvent être désastreuses, si le cabinet des Tuileries est prêt à tenter quelque innovation dangereuse. »

Peyronnet avait reçu le baron Rotschild à son bureau, et, la plume à la main, il le laissa pérorer tout à son aise; puis, avec sa fade aisance et en souriant, il lui dit:

« — Mon cher seigneur, puis-je empêcher les badauds de faire des contes, et les libéraux d'avoir peur? Rassurez-vous: tant que je serai au ministère, on ne sortira de la légalité qu'après avoir épuisé toutes les voies de conciliation possibles. Je ne voudrais pas, pour rien au monde, me mêler d'un coup d'état; et en preuve de ce que j'avance, voyez mon occupation actuelle: j'achève de contresigner les lettres de convocation des députés du royaume. »

Le baron Rotschild dut sortir pleinement rassuré. Un ami de Peyronnet, M. Ga... vient ensuite, tient le même langage, obtient une réponse pareille, s'en va en conséquence faire une opération financière sur la hausse, et consomme, par conséquent, sa ruine en un seul jour.

Le dimanche au soir, un officier des gardes du corps entend dans un ministère la belle-mère de l'excellence proférer des imprécations contre Polignac; il demande s'il y a du nouveau. On s'empresse de le rassurer, mais en avouant qu'on redoute la présence du chef du conseil devant la chambre élective.

Cependant, dès ce même dimanche, les ordonnances dressées par le soin de Peyronnet et Chantelauze avaient été lues, approuvées et signées. Le roi, joyeux de la rédaction, embrassa Polignac devant tous les autres, en disant:

« — Messieurs, c'est le conseil que j'embrasse; il a bien mérité de ma bienveillance, et ce sera lui qui me rendra mon sceptre tel que je devais le porter. »

Le dauphin pareillement laissa échapper les

expressions de son allégresse. Une personne attachée à son service ayant osé lui demander la cause de cette jubilation inaccoutumée, le prince lui répondit:

« — La pensée du 8 août est en fleur, elle ne tardera pas à porter des fruits monarchiques ; vous serez avant peu aussi content que moi. »

Des estafettes reçurent l'ordre de se tenir prêtes pour partir le lendemain ; elles devaient être expédiées à nosseigneurs les évêques, pour qu'ils fissent dire des prières de quarante heures en faveur de la contre-révolution que l'on préparait. Polignac, ce jour même, alla voir son Anglaise à Meudon, et on l'entendit dire: « — Le roi ne reculera pas, il montera à cheval avec son fils, et il achèvera d'anéantir la race odieuse du jacobinisme et de l'impiété. »

## CHAPITRE VI.

Le dimanche au soir, et malgré le mystère gardé encore par les membres du conseil et par les princes, quelques bruits inquiétans se répandirent dans Saint-Cloud. Une personne du service intime, placée derrière la persienne d'une fenêtre qui donnait sur le jardin extérieur, vit venir deux individus : l'un était le cardinal de L....., l'autre un militaire, mais qu'elle ne put reconnaître. Ils s'abordèrent sans trop de complimens, et quoiqu'ils parlassent bas, le son de la voix dans le calme de la nuit laissait entendre leurs paroles :

« — Tout est réglé, Monsieur, dit le cardinal, demain nous sautons le pas, et bon nombre d'autres avec nous; il y aura bien quelques criailleries, mais rien de plus. »

« — Il faut l'espérer, Monseigneur. »

« — Oh! nous en avons la certitude. Vous répondez de la troupe, n'est-ce pas? »

« — Elle suivra son devoir. »

« — Il faut qu'elle fasse mieux encore : nous désirons de l'enthousiasme par précaution. On n'aura besoin d'elle que pour l'apparence seulement; car, en réalité, il n'y aura pas de révolte : les boutiquiers haïssent le feu, les gros colliers de l'ordre ont tout à craindre. »

« — Et le peuple, Votre Eminence? »

« — Quatre gendarmes et un commissaire de police suffiraient. Vous savez qu'il a donné sa démission; le fait est positif, il ne se mêlera de rien. D'ailleurs, on a pris le grand parti : c'est de le traiter militairement. Au premier murmure, des coups de fusil ; au second, la mitraille ; il faut de l'énergie pour le service de Dieu et du roi. Que pense le soldat ? »

« — Rien, Monseigneur ; il obéit et setai t. »

« — Je voudrais qu'il parlât un peu. Est-ce que les aumôniers ne l'exhortent pas ? est-ce que les officiers ne lui disent rien du roi, des princes et de la religion ? »

« — On ne néglige rien de ce qui peut servir la bonne cause ; mais les bourgeois font beaucoup de mal : il l'entretiennent de liberté, de Charte, rappellent Bonaparte, les conquêtes de l'empire et les beaux faits d'armes de la république. »

« — Voilà qui est abominable. Il faut veiller à rompre tout commerce entre la canaille et la troupe, ne pas souffrir ces relations dangereuses. Un soldat français ne doit penser qu'à Dieu et au roi. »

« — Il y en a qui lisent les gazettes libérales, qui s'y abonnent même. »

« — Miséricorde! et on les fusille pas? »

« — On les met à la salle de discipline; alors ils se cotisent, chacun à son tour va au café, lit les journaux et vient en rapporter la substance à la chambrée. »

Le cardinal fit une exclamation de colère, puis se plaignit vivement de cet esprit séditieux; il ajouta :

« — Vous me donnerez demain le nom des officiers dont les compagnies sont aussi gangrénées; justice en sera faite. Nous nous chargerons aussi des aumôniers. Monsieur, si le roi ne pouvait compter sur la troupe, il serait perdu. »

« — Je vous répète, Eminence, que les régimens feront leur devoir; cependant c'est une terrible extrémité que celle qui oblige à tirer sur le peuple. »

« — Eh! Monsieur, on ne fera feu que sur la canaille; il n'y aura certainement aucun gentilhomme de nom et d'armes au milieu de ces bandits. »

« — Détrompez-vous, Monseigneur: la noblesse compte dans ses rangs bon nombre d'esprits forts qui se réunissent à la cause du peuple.»

« — Eh bien! ils dérogent, voilà tout; ils se font serfs, qu'on les traite en serfs. Mais, adieu, le roi désire que je dise avec lui l'office du soir. Je vous ai dit tout ce que j'ai à vous dire : attendez ici M. le dauphin, il désire vous parler. »

Le cardinal s'éloigna ; le militaire demeura immobile, se parlant à lui-même, et parfois mordant avec fureur ses gants ou son chapeau. Un quart d'heure s'écoula pendant que le témoin du colloque et de cette scène muette en examinait avec soin toutes les parties. Le dauphin arriva ensuite; il n'était pas seul, deux individus l'accompagnaient; le militaire fut à lui, le salua;

ils échangèrent quelques paroles qui se perdirent dans l'air, et puis le duc ajouta :

« — Surtout point d'hésitation ; on a tout prévu ; il ne faut pas reculer ni attendre sous prétexte de nouveaux ordres à demander. On approuvera l'acte le plus sévère ; mon père et moi avons résolu de nous charger de toutes les conséquences de ce grand acte, et plutôt que de céder à la révolution, nous monterions à cheval et nous n'abandonnerions pas la partie ; ce serait sur notre cadavre que les jacobins rentreraient aux Tuileries. »

Les trois qui étaient là s'écrièrent avec enthousiasme :

« — Oh ! quelle famille de héros ! »

« — Monseigneur, ajouta l'un, vous nous rendez Henri IV et Louis XIV. »

Monseigneur ne répondit pas ; il s'adressa au militaire.

«—Ne revenez que vainqueur ; si vous tombez, je prendrai votre place: Les Suisses feront merveille; je réponds du succès si les Français en font autant. »

Le militaire répliqua avec vivacité que la garde royale et la ligne valaient les Suisses.

« — Qu'ils le prouvent, dit le prince, voici le moment où l'armée doit faire son devoir; nos troupes d'Alger lui donnent un bel exemple. Allez, Monsieur, que la révolution finisse, cela dépend de vous. »

Le dauphin se retira, chacun le suivit, et cette conversation si importante prit fin. Le lendemain, de bonne heure, M. de C... reçut une lettre d'une femme attachée au service de la duchesse de Berry, qui lui disait :

« Mon cher ami, je ne te verrai pas demain,
» lundi : son altesse royale nous retient toutes à
» Saint-Cloud; elle ne veut en sortir qu'après que
» sera passée la mauvaise humeur de vos Pari-

» siens, gens de boutique, draperie, mercerie, etc.
» Mon Dieu! la sotte chose que d'avoir à se tour-
» menter pour cette racaille! Le duc de.... est bon
» à entendre là-dessus. Au reste on va en finir
» avec elle : plus de chambre libérale, plus de
» presse insolente, toute la Charte fondue dans
» cet éternel article 14, dont on nous rompt la
» tête depuis un an; les journaux anéantis, tant
» mieux; hors *le Lis* et la *Revue parisienne*; on
» cessera de parler politique, nous y gagnerons.

» Savez-vous que je suis au désespoir, Mon-
» sieur, de votre affreux caractère : vous avez dit
» du bien de Lafayette devant moi; pour vous
» blanchir de cette tache, passez chez Céliane, et
» sachez où en est le chapeau qu'elle me promet
» de jour en jour. Si je ne l'ai pas mercredi pour
» la soirée de M. D..., il datera du déluge.

» Plaisanterie à part, on a parlé bas tout le
» soir. Le roi fait un cent de piquet avec le cardi-
» nal. Le dauphin se promène en croisant les
» bras. Le duc de Raguse a l'air de songer à payer
» ses créanciers, car il est de la plus mauvaise

» humeur du monde. Le prince ( Polignac ) fait
» semblant de penser à quelque chose ; on dirait
» qu'il a véritablement martel en tête ; serait-il
» brouillé avec la belle Anglaise de Meudon? Bref,
» nous ne sommes pas amusans. J'espère que
» cette taciturnité ne durera pas, et que la cour
» redeviendra ce qu'elle doit être.

» Adieu, n'oublie pas de t'informer si le re-
» liquaire que mon mari fait faire est terminé;
» c'est une galanterie que tu lui dois. L'évêque
» de Chartres lui a promis les plus belles re-
» liques du monde. Je te baise sur tes deux
» beaux yeux... »

Cette lettre, qu'on m'a communiquée hier, sert à prouver que le dimanche au soir, 25 juillet, le château de Saint-Cloud n'était pas dans son état ordinaire, non certes qu'on y doutât de la victoire, mais enfin le crime qu'on allait commettre était si grand, qu'il était impossible de le tenter sans éprouver une sorte de vague inquiétude.

Les ordonnances royales furent portées tard

dans la nuit, au *Moniteur;* plusieurs des ouvriers, retenus par ordre, refusèrent de devenir, même innocemment, les complices de cette conspiration contre la liberté de la presse.

Cependant, dimanche soir, Mangin, ce janissaire de la cour, fut mandé au ministère de l'intérieur; il trouva Peyronnet en grande joie, qui lui dit:

« — Enfin, le roi est résolu d'entrer dans la bonne route: la chambre est cassée, et la liberté de la presse n'existe plus. »

Mangin, à ces nouvelles si agréables, ne put se contenir, et s'affranchissant d'un respect importun dans la circonstance, embrassa sans façon *monseigneur* de Peyronnet; celui-ci, presque indigné de cette familiarité excusée néanmoins par les motifs, sourit doucement, et reculant d'un pas:

« — Bien, très-bien, monsieur le préfet de police, le roi ni moi n'avons jamais douté de vos sentimens, et je vous trouve aujourd'hui ce que vous avez été à Poitiers, ce que vous êtes depuis votre entrée en place, un zélé soutien de la cause monarchique et religieuse. Mais, mon bon ami, poursuivit l'excellence avec moins d'emphase, vous allez avoir une rude besogne : il n'est plus question d'agir envers nos ennemis avec votre urbanité ordinaire; traitez-les sans égards, sans politesse. Surtout que vos gens les saisissent impitoyablement, que vos gendarmes les taillent en pièces; Delavau vous contemple, vous lui devez le pendant de la rue Saint-Denis.

« — Monseigneur, répliqua Mangin avec enthousiasme, vous savez si mes principes sont faibles, si jamais j'ai eu la moindre considération pour les libéraux, si enfin la presse m'est chère. Je les enveloppe tous dans la même haine, je me charge de vous en rendre bon compte. Mais que va-t-il donc être fait? »

Le ministre de l'intérieur prit sur une console son rapport au roi et le texte des ordonnances * et les mit dans les mains du préfet de police. Le jour finissait, et Mangin se rapprocha de la fenêtre pour les lire; plus il avançait, et plus grande était son allégresse; il la manifestait par des élans de voix, des soupirs, des trépignemens, des paroles entrecoupées. Peyronnet, devant lui et debout, l'observait avec le contentement d'un auteur enthousiasmé de son œuvre; ne pouvant même plus se retenir :

« — Eh bien! dit-il, que vous en semble? »

« — Que vous êtes le Lhopital de la monarchie moderne, et que le trône ébranlé sera raffermi par vos mains. »

« — Je m'en vante, répliqua modestement le beau grenadier de Zelmire; » et faisant une pirouette il alla se jeter sur un canapé, en chantant à demi-voix :

> Rien ne plaît tant aux yeux des belles
> Que le courage des guerriers.

* On les trouvera aux pièces justificatives.

Mangin arriva jusqu'au bout, et élevant les bras au ciel :

« — *Nunc dimittis*, dit-il ; enfin mes espérances sont surpassées, mes rêves les plus doux réalisés : la plume sera brisée dans les mains de cette canaille insolente qui n'a gardé aucune mesure envers nous. »

« — Les misérables accusaient mes mœurs. »

« — Me taxaient de mauvaise éducation. »

« — Voulaient obliger les ministres à rendre un compte exact des sommes qui passaient par leurs mains. »

« — Outrageaient chaque jour le préfet de police, et le déconsidéraient aux regards de ses administrés. Monseigneur, combien faudra-t-il en arrêter demain ? Quelles presses briserai-je ? quel quartier convient-il d'épouvanter ? »

« — Oh ! mon Dieu, faites à votre fantaisie ;

je ne m'en mêlerai pas. Le roi veut seulement que tout se passe avec calme et prudence, légalement enfin. Or, comme rien n'est plus légal que d'exécuter les ordonnances, je crois que la chose ne marchera pas bien si samedi prochain vous n'avez fait arrêter deux à trois cents de ces écrivains faméliques, de ces parleurs de boulevards et de cafés, de ces libraires séditieux, de ces imprimeurs régicides. Que la terreur soit à l'ordre du jour; la terreur est très-monarchique. »

« — Et fort religieuse aussi, Monseigneur. »

Un laquais apporta des glaces et des eaux rafraîchies dans de la neige. Monseigneur engagea le préfet de police à boire et à manger un fruit. Tout à coup, posant en équilibre sa cuillère de vermeil sur un verre de cristal :

« — Aurons-nous une petite révolte ? »

« — Certainement, Monseigneur, nous en aurons une; il en faut bien pour encourager mes gens, et servir de prétexte aux récompenses qui produisent tant d'effet. »

« — Oui, cela ne sera pas mal, une petite révolte. Son éminence y compte, le prince dit qu'elle est d'étiquette en Angleterre. Ce sera pour amuser le peuple. Sabrerez-vous ? »

« — Nous en ferons bien naître une petite. »

« — Vous avez Foucauld, Divonne, Montgardé, que sais-je ? Ceux-ci sont-ils à Paris ? »

« — Je n'en sais rien. »

» — Bon ! qu'importe ? si ce n'est l'un, ce sera l'autre. Le roi est tant aimé par les officiers de sa garde, il est si bon maître, que pour lui faire plaisir on massacrerait tout Paris. »

« — Et de grand cœur encore, Monseigneur. »

« — Écoutez cependant, monsieur le préfet : tâchez que vos agens entraînent la révolte loin de mon hôtel, je me ressouviens des alertes de la place Vendôme, et il ne me plaît pas de les voir recommencer. »

« — Votre courage, Monseigneur ! »

« — Soit, j'ai fait mes preuves, cela suffit ; ma devise, vous la connaissez...

« — Sublime ! Votre Excellence : *non solum togâ*, cela est beau. Non-seulement dans la magistrature vous avez rendu des services à la monarchie, mais encore les armes à la main. Il est vrai que mille combats livrés attestent votre vaillance, et on reconnaît bien l'infernale noirceur des libéraux, qui ont omis votre nom dans les *Victoires et Conquêtes*. Que de dames vaincues pourtant dans votre jeunesse belliqueuse ! que de rencontres ! »

« — Oui, au moins quatre diligences Duclos pourraient dire... A propos, que fait ce pauvre diable ?

« — Il se promène, Monseigneur. »

« — Il se reposera dans un meilleur monde. Le fou ! je lui offrais, au nom de la dauphine, six mille francs de pension, une place et mon amitié, mais il prétendait à quinze mille francs de rente et au grade de maréchal-de-camp ; c'était trop d'ambition. Veillez néanmoins à ce qu'il ne manque de rien.

<blockquote>
Présent des dieux, doux charme des humains,<br>
O divine amitié viens, embraser nos âmes...
</blockquote>

Monsieur de Mangin, ne vous endormez pas, et que demain j'entende parler de vous. Quant à la censure, je m'en charge ; le père Bonald m'a promis des galériens... des censeurs, veux-je dire, qui emporteront la pièce ; les derniers étaient des faquins doucereux qui ménageaient tout le monde. On m'a parlé d'un jeune homme à toute selle, qui écrit à tant la page pour chaque opinion, celui-là ferait mon affaire. Voyez si, parmi vos agens, il n'y en aurait pas une douzaine capables de signer leurs noms ; ils feraient d'excellens sous-censeurs. »

Ce fut ainsi que se termina cette conversation, que M. Mangin, en rentrant chez lui, rapporta dans son intégrité à plusieurs amis qui, depuis la fatale semaine, se sont empressés de la répéter.

## CHAPITRE VII.

Le lundi, 26 juillet, le *Moniteur* parut avec le rapport et les ordonnances royales contre-signées par les ministres. La nouvelle, tout incroyable qu'elle semblait d'abord, répandit bientôt l'alarme. Chez les uns elle produisit la stupeur, chez les autres une indignation qui ne pouvait pas long-temps se contenir. Ce dernier sentiment prit peu à peu le dessus, et tout annonçait qu'il ferait tôt ou tard explosion.

Chacune de ces pièces inconstitutionnelles eût suffi pour constituer un crime de haute trahison; la plus odieuse cependant était celle qui devait faire oublier la fameuse loi de *justice et d'amour*. Je ne peux me déterminer à repousser celle-là au nombre des pièces justificatives.

CHARLES, par la grâce de Dieu, roi de France et de Navarre, à tous ceux qui ces présentes, verront, salut.

Sur le rapport de notre conseil des ministres nous avons ordonné et ordonnons ce qui suit :

ART. I$^{er}$. La liberté périodique de la presse est suspendue.

ART. II. Les dispositions des articles I, II et IX du titre I de la loi du 21 octobre 1814, sont remises en vigueur; en conséquence, nul journal et écrit périodique ou semi-périodique, établi ou à établir, sans distinction des matières qui y seront traitées, ne pourra paraître, soit à Paris, soit dans les départemens, qu'en vertu de l'autorisation qu'en auront obtenue de nous séparément les auteurs et l'imprimeur. Cette autorisation devra être renouvelée tous les trois mois; elle pourra être révoquée.

Art. III. L'autorisation pourra être provisoirement accordée, et provisoirement retirée par les préfets, aux journaux et ouvrages périodiques ou semi-périodiques, publiés ou à publier dans les départemens.

Art. IV. Les journaux publiés en contravention à l'article II seront immédiatement saisis.

Les presses et caractères qui auront servi à leur impression seront placés dans un dépôt public, sous scellé, ou mis hors de service.

Art. V. Nul écrit au-dessous de vingt feuilles d'impression ne pourra paraître qu'avec l'autorisation de notre ministre secrétaire d'état de l'intérieur à Paris, et des préfets dans les départemens.

Tout écrit de plus de vingt feuilles d'impression, qui ne constituera pas un corps d'ouvrage, sera également soumis à la nécessité de l'autorisation.

Les écrits publiés sans autorisation seront immédiatement saisis.

Les presses et caractères qui auront servi à leur impression seront placés dans un lieu public, sous scellé, ou mis hors de service.

Art. VI. Les mémoires sur procès et les mémoires des sociétés savantes ou littéraires seront soumis à l'autorisation préalable, s'ils traitent en tout ou en partie de matières politiques, cas auxquels les mesures prescrites par l'article V leur seront applicables.

Art. VII. Toute disposition contraire aux présentes demeurera sans effet.

Art. VIII. L'exécution de la présente ordonnance aura lieu en conformité de l'article IV de la loi du 27 novembre 1816 et de ce qui est prescrit par celle du 18 janvier 1817.

Art. IX. Nos ministres secrétaires d'état sont chargés de l'exécution des présentes.

Donné en notre château de Saint-Cloud le 25 juillet de l'an de grâce 1830, et de notre règne le sixième.

CHARLES.

Par le Roi :

Prince DE POLIGNAC; comte DE PEYRONNET; CHANTELAUZE; baron D'HAUSSEZ; DE MONTBEL; comte DE GUERNON-RANVILLE; baron CAPELLE.

Quoiqu'on ne pût douter de l'ignorance de Charles X, de son incapacité, de son mépris pour les lettres, il était impossible de prévoir jusqu'où il descendait.

Mais ce roi imbécile devenait en même temps parjure; il avait trahi cette Charte jurée deux fois solennellement: la première, sous la terreur du retour prochain de Bonaparte ; la seconde, dans le triomphe paisible de son sacre. On le voyait s'abandonner à ses idées secrètes, nous donner le pendant de don Miguel, et, comme lui, se jouer audacieusement de ses promesses. On savait que depuis son avénement il ne cessait de dire : « Mais je ne suis pas dans mon droit; » et il y rentrait.

On aurait pu s'étonner aussi de ne pas voir à côté de ces lois de tyrannie des tables de proscription; mais tout était prévu sous ce rapport, et les victimes n'eussent rien perdu à attendre. Il y avait à la préfecture de police, dans le cabinet de M. Mangin, un tableau sur lequel étaient transcrits les noms de quinze cent quarante-neuf individus commerçans, artistes, militaires, littérateurs, rentiers, gens du monde, gens de plume, financiers, commis, etc., sur qui devait tomber dans le cours de cette année la fureur du gouvernement.

Chaque département envoyait un tableau pareil rédigé, en général, en conseil de préfecture quand les conseillers de préfecture pensaient bien, et adressé au ministre de l'intérieur. Le garde des sceaux recevait aussi de ses procureurs-généraux, de ses procureurs du roi, et surtout des juges-auditeurs, presque tous congréganistes et dévoués au clergé, des notes de proscription. On les arrangeait par ordre alphabétique, afin de pouvoir s'en servir au besoin.

Un extrait de ce travail était préparé pour la bibliothèque particulière de la dauphine. On l'y a vu ces derniers jours; il formait cinq volumes in-quarto d'une épaisseur extraordinaire, reliés en maroquin noir et fermés par un cadenas de vermeil. On savait ainsi à point nommé l'opinion d'un personnage quelconque, et désormais tous ceux qui auraient figuré sur ces tableaux se fussent vus en butte à la persécution.

La chambre des députés, dissoute enfin et reconstituée sur des bases inconstitutionnelles, n'aurait présenté aucune garantie à la nation; les deux cent cinquante-huit députés eussent été autant de commissaires nommés par les prêtres et la haute noblesse pour rétablir purement l'ancien régime. On ne s'en cachait pas. J'ai entendu un anobli de 1816 me dire :

— « Avant un an la noblesse ne sera pas seulement dans la Charte, elle dominera sur la nation, et ses uniques priviléges ne constitueront plus à graver ses armoiries sur un cadre, ou à les faire peindre aux panneaux d'une voiture, elle rentrera dans ses droits, le clergé aussi, et ce afin que la couronne reconquière tous les siens. »

Celui qui me parlait ainsi se disait bien informé, en était tout fier et tout glorieux, et je lui répondis :

— « Vous êtes un insensé de croire à de pareilles chimères; la nation ne veut aucun privilége pour telle ou telle caste; vous pousserez la France à bout. »

— « Bah! nous la rendrons douce : les baïonnettes sont pour nous. »

Ils voyaient dans les baïonnettes toute la force de l'état, ils ne se doutaient pas que la troupe, quelque nombreuse quelle soit, demeure sans puissance lorsque le peuple prend les armes ; car elle-même fait partie du peuple, et ne tarde pas à se confondre avec lui. Les bataillons les mieux disciplinés, et qui sont invincibles en ligne contre des étrangers menaçans, ne savent ni combattre ni agir contre leurs concitoyens. La vraie puissance d'un trône est dans la garde nationale, qui sera toujours victorieuse. Dans l'intérieur, aucun corps ne lui tiendra tête, parce qu'elle a autre chose que le nombre et que le courage physique : c'est qu'elle est la patrie elle-même, et que rien ne résiste à la patrie quand elle ne veut pas se laisser subjuguer.

C'est ce sentiment, cette pensée généreuse qui, dans la journée du 26, soutint la ville de Paris ; on entendait dire de toutes parts : Il faut que la garde nationale s'en mêle, il convient qu'elle prenne les armes; et chacun de ces soldats citoyens déjà nettoyait son fusil et examinait son vieil uniforme; on les voyait aller et venir des uns aux autres, s'excitant mutuellement, s'indignant de l'affront sacrilége qu'on leur adressait. Ces *boutiquiers*, tant méprisés par la cour, levaient avec fierté la tête, et se confiant en leur bon droit, espéraient eux aussi *que force demeurerait à justice.*

L'agitation commençait à gagner toutes les classes ouvrières qui se rattachent à l'imprimerie par une branche quelconque d'industrie ; mais il y avait encore une joie coupable aux repaires où l'on rédigeait les journaux ministériels. Un banquet splendide réunit les rédacteurs du *Drapeau blanc*, de la *Quotidienne* et de *l'Universel;* le transport de ces malheureux tenait du délire : ils votèrent des remercîmens au ministère, dans la douce pensée qu'avant peu de temps toutes les feuilles constitutionnelles auraient atteint le dernier jour de leur existence ; ils firent boire leurs ouvriers; on cria là : A bas la Charte! Vive le *rei neto!* et on se décora des cordons d'Espagne et de Portugal.

Les vrais absolutistes furent triomphans pendant toute cette journée; ils se revoyaient aux époques brillantes de 1815; et de là, pour achever de rétrograder, ils pensaient avoir peu à faire. Il leur semblait déjà tenir le pouvoir avec toutes ses prérogatives; les vilains, les bourgeois, les serfs s'écartaient d'eux; ils montaient à cheval, ils foudroyaient de leur colère des vassaux épouvantés. Je rencontrai dans la rue Saint-Eustache un gentilhomme de l'ancien régime qui me dit en m'abordant :

« — Eh bien ! vous avez peur. »

« — Je suis irrité, répondis-je. »

« — Où vous dissimulez votre épouvante. Par la sambleu! que voilà un beau coup! Ce petit Jules a fait merveille. J'étais un chevalier de sa mère, femme charmante! Certes, alors je ne me doutais pas que l'enfant pendu à sa mamelle sauverait un jour la monarchie; car, pour cette fois, la voilà sauvée. »

« — En êtes-vous très-assuré ? »

« — Qui en doute ? *La troupe est pour nous,* Bourmont nous revient avec des millions et

7

une armée victorieuse. Nous anéantirons toute résistance, car il faut en finir avec les libéraux. »

« — Ainsi, la guerre civile ? »

« — Oh ! non pas la guerre, mais le châtiment. Nous sommes les plus forts, les plus nombreux, les plus habiles. »

« — Sottise d'un homme de génie, dont il se moque aujourd'hui lui-même. »

« — Par la sambleu ! notre patience est à bout. Quoi ! un noble n'a aucun rang, aucun privilége ! un cardinal a peur d'un folliculaire ! Je vous le répète, il faut en finir. »

Je laissai cet insensé, et poursuivis ma route. Partout je rencontrais des visages mornes et inquiets, des hommes que la violation insolente de la Charte exaspérait, tous décidés à ne pas souffrir cette humiliante dégradation civique, et tous se demandant si la mort ne valait pas mieux que le déshonneur. Tout à coup, une pensée de victoire s'empare de chaque manufacturier, de tous les chefs d'ateliers de Paris; ils assemblent leurs ouvriers:

« — Mes enfans, leur disent-ils, le roi nous ruine par les ordonnances qu'il a rendues hier, il nous est impossible de vous procurer désormais du travail; allez lui demander le pain qu'il vous enlève. »

Les ouvriers repliquèrent : « — Ce ne sera pas du pain que nous lui demanderons, mais la liberté. »

Ils sortent, se répandent dans les rues, s'invitent réciproquement à soutenir leur résolution, vont et viennent, cherchent des armes, en empruntent, en achètent, en louent. Tel se dépouille de sa dernière pièce d'argent pour acheter une baïonnette rouillée qu'il fiche au bout d'un bâton; celui-là met sa veste en gage pour se procurer de la poudre et du plomb; celui-ci, affaibli par la maladie, se place au coin d'une rue, et par ses paroles anime les passans.

Tout le lundi, et principalement la soirée, s'écoule dans ces dispositions, la ville prend une attitude vigoureuse.

M. de M..., homme sage et attaché de cœur à la famille royale, dînait ce même jour dans le voisinage du garde des sceaux, son ancien ami, et qui lui avait écrit de venir le voir; il y fut vers cinq heures. M. de Chantelauze, d'aussi loin qu'il l'aperçut:

« — Tu me féliciteras certainement de nos ordonnances. »

« — Oui, je le ferai, mon ami, mais par un compliment de condoléance. Espères-tu que les choses se passeront sans trouble ? »

« — Oh! des écrits, des brochures clandestines, des journaux furtifs, au moyen des presses lithographiques, une chanson de Béranger, un pamphlet de Benjamin Constant, peut-être un gros volume de l'abbé de Pradt; nous savons ce qui nous menace, et n'en sommes aucunement tourmentés. »

« —Il serait possible, dit M. de M..., que l'on allât plus loin : le peuple murmure. »

« — On lui dira de se taire. »

« — Il peut en venir aux voies de fait. »

« — On le mitraillera, mon très-cher, on le mitraillera; la mitraille est, tu le sais, *ultima ratio regum.* »

« — C'est vrai, mais cette raison dernière des rois peut être la dernière de la monarchie. Quelle ressource reste-t-il au prince qui n'a pu employer la force avec avantage. Tout roi qui fait faire feu sur son peuple est perdu sans ressource si le peuple ne se soumet pas d'abord. Croyez-moi, messieurs les ministres, au jeu que vous jouez, vos têtes sont très-exposées. »

« — Celles des rebelles tomberont avant les

nôtres. Va dîner tranquillement, et puis reviens, nous nous mettrons à la fenêtre pour voir passer la révolution. »

M. de Chantelauze est gai, très-gai de son naturel; il trouva son mot charmant. M. de M... alla donc dîner dans une maison de la rue Saint-Honoré, et encore tout ému des propos de *sa grandeur*, il les répéta avec une franchise dont on fit son profit.

## CHAPITRE VIII.

Ce fut vers quatre heures de l'après-midi que la foule se porta vers le Palais-Royal; déjà la Bourse était agitée par toutes les fluctuations d'une baisse sinistre. Les joueurs, les agens de change, les commerçans notables y avaient paru avec tous les signes de la douleur; on y disait publiquement que les affaires allaient être suspendues jusqu'à des temps plus heureux, et que le lendemain les ateliers de travail seraient fermés jusqu'à nouvel ordre.

Les groupes se rassemblaient devant l'ordonnance de police de Mangin, qui, dans sa brutalité ordinaire, menaçait tous les libraires, les imprimeurs, les cabinets de lecture, et qui déjà faisait usage de la verge de fer avec laquelle il prétendait nous gouverner, désormais. On voyait les agens de la police illégale et inconstitutionnelle parcourir les rues, examiner les passans, prendre note de leurs paroles, de leurs gestes, s'approcher des groupes, écouter, exciter même; ils avaient l'air triomphant, ils se voyaient nécessaires et certains d'être dorénavant mieux rétritribués.

Autour du pavillon de la Rotonde du Palais-Royal, et des deux cabinets de lecture des journaux qui sont auprès, la foule se porta bientôt; elle était plus irritée que silencieuse. Les ordonnances, commentées par la colère, recevaient les épithètes que suggérait le mécontentement général. On voyait non plus à regret les extravagances de la cour, mais avec plaisir cette nouvelle folie.

« — Enfin nous en finirons avec ces gens-là,

répétait-on de tous côtés. Voilà quinze ans que leur hypocrisie nous trompe, que nous vivons de l'espoir de leur ouvrir les yeux; ils ont pris notre douceur pour de la faiblesse, il est temps de leur apprendre à nous connaître.»

De temps à autre quelques gendarmes traversaient le jardin, accompagnés de gardes royaux, comme pour effrayer la multitude. Celle-ci grossissait toujours; elle garnissait principalement la galerie d'Orléans, aux environs de la boutique du marquis de Chabannes.

Ce marquis, pair et journaliste amateur, poursuit depuis plusieurs années de ses projets et de ses brochures tous les ministres qui se sont succédé en France. Poëte romantique s'il en fut jamais, il fait de la poésie financière et administrative, inonde les cafés de ses élucubrations, et, plus royaliste que le roi, il poussait, lui aussi, aux moyens extrêmes *pour sauver la monarchie*. Las de se voir éconduit sans cesse, et s'abandonnant à un nouveau délire, il s'était décidé depuis quelque temps à se faire libéral sans libéralisme, et, patriote royaliste, il avait composé de mauvais vers, un pamphlet plus mauvais encore, des caricatures inintelligibles contre le journalisme, les ministres et les jésuites. La police, au lieu de rire des folies du marquis de Chabannes et d'en laisser rire le public, s'était opposée à ce qu'il publiât ses caricatures au moyen de la lithographie. Le marquis de Chabannes, pour ne pas en avoir le démenti, fait peindre sur satin son chef-d'œuvre, loue une boutique au Palais-Royal, et expose derrière les glaces de la devanture ses grotesques tableaux.

Ceci avait eu lieu le jeudi 22; le samedi 24, dès midi, un commissaire de police enleva les caricatures et dressa procès-verbal contre le marquis. Ce dernier, loin de se tenir pour battu, substitue d'autres vers à ceux qu'on lui a ravis, et ramène devant son étalage la foule qu'il y avait appelée pendant deux jours. Le lundi au soir et du milieu des groupes partent quelques cris de *vive la Charte.*

Les sicaires de l'autorité étaient aux aguets,

ils crurent le moment favorable pour commencer le châtiment de la multitude, et tout à coup un gros de gendarmes, le sabre à la main, débouche dans la galerie.

Autrefois, à leur aspect, on prenait la fuite, maintenant on se retire devant eux, on abandonne la galerie, et, sans trop de désordre, on passe dans le jardin. Aussitôt les marchands ferment leurs boutiques; les femmes, les enfans s'avancent au milieu des gendarmes, les injurient en les accusant d'être les suppôts de la tyrannie.

Les gendarmes semblent déjà montrer moins d'assurance; leur attaque est indécise, molle; ils sollicitent la retraite plus qu'ils ne la commandent, leurs sabres nus ne blessent encore personne.

Foucauld se hâte de se rendre chez le comte de Peyronnet et de lui apprendre ce qui vient de se passer; il lui apporte les primeurs des lois rendues; mais le sang n'a pas coulé, et le ministre témoigne son mécontentement.

« — On a molli, Monsieur, dit-il, cela ne convient pas, il fallait faire sabrer cette canaille. »

« — Elle ne résistait point, Monseigneur. »

« — Elle a pourtant crié *vive la Charte*. Allez, Monsieur, et que désormais on traite en ennemis du roi tous ceux qui prononceront ce cri coupable. »

Le gendarme *empoigneur* se retira peu satisfait et décidé à réparer son tort. Mais tandis qu'il allait rendre compte de cette facile victoire, on avait fermé le jardin du Palais-Royal. Le peuple, chassé de ce lieu, s'était divisé par bandes, parcourait les rues voisines, cassant les réverbères et poussant des clameurs d'indignation. Des hommes déterminés se rendent aux Champs-Élysées pour y attendre le Polignac à son retour de Saint-Cloud, et le punir sur place du forfait de lèse-nation qu'il venait de commettre.

Une voiture passe, la livrée qui l'accompagne, fait croire que c'est celle du ministre; on l'arrête, et tandis que ceux qu'elle renferme cherchent à prouver qu'ils ne sont pas des ennemis de la France, le vrai coupable, escorté de deux gendarmes, passe rapidement et doit sans doute la vie à la vélocité de ses chevaux et à l'adresse de son cocher. La voiture entre dans la cour du ministère dont la porte se referme en toute hâte, avant que ceux qui la poursuivent soient à moitié du boulevard de la Madelaine.

Mais si on ne peut atteindre Polignac, on s'en dédommage en jetant aux croisées une grêle de pierres, en essayant d'escalader son jardin, en le menaçant par toutes sortes d'imprécations. Il y eut un moment où le tumulte fut poussé si loin, que le ministre, tremblant, alla se cacher dans un souterrain de ses caves devant lequel on entassa des tonneaux; il demeura dans ce lieu jusqu'au moment où, de l'état-major de la place, on envoya un détachement pour mettre son hôtel hors de toute insulte.

Il est facile de croire qu'une telle attaque dut

ajouter à sa mauvaise humeur, on l'entendait dire au milieu de son effroi :

« Les drôles ! la canaille ! traiter ainsi un Polignac !!! Le canon et Raguse nous en rendront bon compte. Ils le veulent, eh bien ! on les traitera selon leurs œuvres. »

Un affidé ajouta :

« La belle occasion pour mater Paris ! quelques maisons brûlées et la terreur fera le reste. »

Un sourire affreux fut la réponse, et on demanda s'il était revenu quelqu'un de la Basse-Normandie ; un geste négatif servit de réplique.

Le même jour les rédacteurs principaux des gazettes politiques et littéraires qui s'impriment dans Paris se réunirent, et rédigèrent la protestation que je mets en note pour ne pas interrompre la vivacité du récit \*. Des députés, parmi ces dignes citoyens, voulurent cependant prendre l'avis d'un jurisconsulte habile, et firent prévenir M. Dupin aîné qu'ils viendraient chez lui dans la soirée.

Ils ne manquèrent pas au rendez-vous, ni lui non plus; mais, comme ils entraient, un personnage attaché au *Constitutionnel*, et qui déjà était là, prenant la parole, se hâta de dire que la position de M. Dupin était délicate, qu'il croyait ne plus être député, et que par conséquent il ne donnerait point son avis; que néanmoins il regardait les ordonnances comme illégales, ce que M. Dupin lui-même n'eut pas de peine à prouver, lorsque ensuite il se fut mis à pérorer pendant une demie-heure à peu près.

Lorsqu'il eut fini, M. \*\*\* lui répliqua qu'on savait comme lui tout ce qu'avaient d'inconstitutionnel de tels actes, mais que ce n'était pas ce dont il s'agissait; que les journalistes dési-

---

\* Elle est consignée dans le n° du 27 juillet ci-joint.

raient connaître de quelle manière ils devaient s'y prendre pour résister légalement; que nul mieux que lui ne pouvait le leur apprendre, en sa double qualité de jurisconsulte et de député.

« — Je ne me regarde plus comme député, répartit M. Dupin aîné, et dans les circonstances actuelles je ne puis rien faire de ce qu'on me demande. »

La conférence se termina à ces mots; on se sépara, et M. Dupin fut bien surpris deux jours plus tard de se retrouver député encore, et même un moment ministre.

Les rues de Paris ne furent pas solitaires le reste de la nuit: des patrouilles multipliées, composées de garde royale, de gendarmerie, de troupes de ligne, de Suisses, parcoururent la ville dans tous les sens; là commença ce service extraordinaire et permanent qui devait fatiguer la troupe et aider singulièrement à sa défaite. Les soldats qui le lundi au soir prirent les armes ne les avaient pas quittées encore le jeudi à trois heures de l'après-midi, quand ils évacuèrent leurs dernières positions; les patrouilles rencontraient fréquemment des groupes de citoyens qui se retiraient lentement et la tête haute, comme gens qui ont la conscience de leur force et de leur droit.

## CHAPITRE IX.

Au mardi matin, 27 juillet, les dispositions n'étaient pas changées; les ouvriers de tous états, écartés de leurs travaux accoutumés par la fermeture des ateliers, descendaient les boulevards et les quais, erraient dans les rues et sur les places publiques; les écoles de droit et de médecine, animées du saint amour de la patrie, se préparaient aussi à la résistance, sans se douter encore de l'importance de l'événement qui allait avoir lieu.

Le mouvement d'ailleurs était général dans

le quartier du Panthéon comme à la Chaussée-
d'Antin, dans la rue Saint-Honoré comme au
Faubourg-Saint-Antoine; un même sentiment
électrisait tous les esprits, un même besoin se
manifestait, celui d'en finir avec une tyrannie
sans gloire; car la victoire d'Alger, tournée
contre les libertés nationales, eût été maudite
par la nation si la cour eût triomphé.

On se rappelait avec indignation que depuis
quinze ans la gloire moderne de la France lui
était imputée à crime, que l'on interdisait l'ex-
position des tableaux, des gravures qui retra-
çaient tant de faits illustres; que les douze statues
des fameux généraux de la république et de l'empire destinées par Napoléon à orner le pont
Louis XVI en étaient chassées pour être rem-
placées par d'autres célébrités, très-respectables
sans doute, mais qui n'étaient pas les seules
qu'on dût glorifier; que les puissances étrangères, en se réservant le soin de disposer de nos
anciennes conquêtes, nous maintenaient, d'intelligence avec la cour des Tuileries, dans un état
de dépendance et d'humiliation permanent;

qu'on nous commandait toutes les expéditions douteuses et lointaines, où nous épuisions nos trésors sans aucun avantage; que la cour poursuivait avec une haine acharnée les écrivains assez hardis pour ne pas ramper lâchement devant elle; que le mérite sans servilité devenait un titre d'exclusion; que la noblesse seule occupait tous les grades militaires; que l'insolence du clergé allait toujours croissant; que le commerce était immolé à celui de l'Angleterre; que le jésuitisme faisait des progrès immenses; que le roi lui-même avait pris l'habit de cet ordre, s'était fait ordonner évêque, et en faisait les fonctions dans l'intérieur de son palais; que la magistrature était livrée à l'ignorance des congréganistes, qui en accaparaient toutes les charges; que les cabinets étrangers nous empêchaient d'augmenter notre flotte et notre armée; que le roi avait applaudi, ainsi que le dauphin, à l'insulte adressée à la nation française en la personne de ses maréchaux par l'ambassadeur d'Autriche; que les agens du gouvernement persécutaient avec une persévérance toujours croissante ceux qui n'appartenaient pas à la congrégation; que les fonds de l'état disparaissaient sans aucuns travaux utiles; que les routes étaient perdues, les monumens publics inachevés; qu'une paresse criminelle paralysait l'élan de la nation; que les journaux vendus à la cour calomniaient chaque jour la France, à dire d'expert, et que ceux qui nous injuriaient davantage étaient ceux que cette cour ennemie payait le mieux; qu'enfin le roi, son fils et tous ses proches étaient en état de conspiration flagrante contre les citoyens; que le duc de Bordeaux était élevé dans la détestation de la Charte, dans la vénération des choses superstitieuses; qu'il passait la journée entière à des jeux ridicules ou à des pratiques multipliées d'une dévotion méticuleuse; que, par conséquent, cet unique espoir de la dynastie régnante devait être un jour plus dangereux au peuple français que ses ascendans, et qu'à lui, sans doute, était réservé le soin de briser les dernières institutions libérales, et de ramener la monarchie à son point de départ sous le règne de Charles V.

C'étaient là les réflexions que faisait la multitude, forcée de reconnaître que son roi avait toujours été, depuis quinze ans, son plus mortel ennemi. C'était lui qui, pendant le règne de son frère, avait soutenu les factieux ultras; lui qui, établissant un état dans l'état, s'était fait chef du gouvernement occulte; lui qui nous avait vendus à l'étranger depuis 1814, qui lui livrait les secrets de la couronne; lui qui abhorrait les lumières, l'instruction; lui qui ne voulait, à son entour, que des gens *nés* ou des *jésuites;* esclave de l'Angleterre, vassal des prêtres, et prêt, comme Jacques II son modèle, à vendre pour une messe le beau royaume de France.

C'était lui qui enfin, parjure à ses sermens répétés, essayait un dernier attentat contre la nation. A quels excès ne se porterait-il pas s'il parvenait maintenant à son but! Ainsi maintenant la chambre légale serait dissoute, diminuée de nombre, reconstituée arbitrairement; ainsi l'impôt serait voté par ceux-là même qui en dévoreraient les deniers.

La Charte, annulée de fait, nous serait encore

opposée en droit; on nous la présenterait comme un bouclier commode à notre ennemi, qui, posté derrière elle, nous accablerait de ses traits, tandis qu'il serait convenu que les nôtres expireraient sur elle sans pouvoir l'outre-passer.

Ainsi la liberté de la presse anéantie nous livrerait sans défense aux congréganistes, aux superstitieux, aux affamés de la richesse publique, et à toutes sortes d'actes tyranniques, subversifs de toute justice, contraires aux droits acquis, aux intérêts de l'universalité. Des voies sans nombre allaient être ouvertes aux abus, et un mur d'airain empêcherait la plainte de se faire entendre.

Enfin le roi, sa famille, ses ministres, déclaraient insolemment la guerre à la nation; ils lui disaient : Assez long-temps tu t'es cru libre, tu n'étais que rebelle!

Toute espérance de l'avenir s'éloignait, une nuit sombre allait couvrir la France; les ténèbres de l'ignorance, du despotisme et de la féodalité s'épaississaient à l'entour du flambeau de la raison, et dans chaque état, dans chaque profession, il fallait craindre l'arbitraire, la gêne, les entraves dont on serait accablé. Ce n'était pas seulement le riche propriétaire, le manufacturier en grand, le militaire de haut grade, le magistrat, l'administrateur supérieur dont Charles X attaquait l'existence, il compromettait celle du soldat, de l'ouvrier, du praticien, du journalier, de tous enfin grands et petits, riches et pauvres; il en voulait à tous; nous lui étions tous odieux par cela seul que nous étions Français.

Plus l'attaque était générale, plus la résistance devait avoir de l'unanimité; chacun comprit en même temps son devoir, vit que la cause d'autrui était la sienne, et qu'entre le roi et tous c'était une guerre à mort. On se dit alors : Pourquoi retarder à la commencer? pourquoi prolonger une patience inutile, et dont on abuse? Le roi nous déteste, nous ne lui rendons bien; il veut nous lier, brisons les chaînes, prouvons-lui qu'il ne règne que par notre permission, et qu'il cessera de régner aussitôt qu'il nous plaira qu'il descende du trône. La même opinion éclate dans les divers quartiers, non peut-être que dès le 27 juillet au matin on soit décidé à renverser la race des Bourbons, mais déjà on se flatte de les contraindre par la force des armes à des concessions qui nous mettent à l'abri de sa stupidité et de sa tyrannie. Les groupes se forment de nouveau; les boutiques ouvertes le matin à l'heure accoutumée sont refermées au coup de midi; on se porte machinalement vers le boulevard des Capucines, on sait que Polignac est le chef de nos ennemis; des masses d'ouvriers, pour la plupart appartenant aux constructions de maisons, des maçons, charpentiers, menuisiers, serruriers, couvreurs, plombiers, environnent l'hôtel du ministre des affaires étrangères, et le menacent de leurs clameurs.

Le ministre a déjà demandé un secours de troupes propre à le garantir d'un coup de main; la plus grande partie des deux gendarmeries veille diversement à sa sûreté : une portion est cantonnée dans la cour et dans le jardin, une autre devant la principale entrée sur le boulevard et à celle de la rue des Capucines; une troisième montée à cheval fait des charges ridicules dans la rue Basse, sur les contre-allées et la chaussée du boulevard.

Les ouvriers se moquent de ces démonstrations hostiles; ils se replient à l'arrivée de l'escadron au galop, et puis reprennent leur position première, et se mettent à huer comme auparavant. Bientôt des détachemens de la ligne viennent aussi concourir à la garde de l'excellence. Celle-ci va sortir de sa demeure pour aller aux Tuileries tenir le conseil; on ne doit plus se rendre à Saint-Cloud, car il ne faut pas fatiguer le roi de ces misères; on ne reviendra à lui que triomphant.

Cependant le ministère s'irrite du mécontentement de Paris; il songe à prendre des mesures sévères et promptes; on dresse à la hâte dans le conseil une liste de quarante-cinq personnes dont l'arrestation aura lieu dans la journée, qu'une commission extraordinaire et prevôtale jugera le lendemain, et qui seront mises à mort ou envoyées au bagne le surlendemain.

Cet affreux tribunal était dans la pensée de Polignac, de Chantelauze, de Peyronnet et de Mangin : onze juges le composeraient, quatre militaires, savoir M. de Foucauld, etc., et sept magistrats, Cottu, Amy, Leblond, Mathieu, Frayssinous, de Chabrol-Chaméane; et M. de Broë ferait, disait-on, les fonctions de procureur-général spécial, ayant sous ses ordres quatre substituts chargés des travaux préparatoires.

Telle était la composition prétendue de cette cour coupable qui n'a pas existé, et qui peut-être n'était pas formée des personnes qu'on a signalées; il est certain que le principe d'un tribunal exceptionnel était admis, et que si les noms positifs de ses membres ne nous ont pas été révélés, c'est que le temps a manqué aux conspirateurs.

La liste première des proscrits fut adressée par le ministre de l'intérieur au préfet de police, avec ordre de procéder sur-le-champ à leur arrestation; un billet particulier de Peyronnet engageait, dit-on, Mangin à donner les ordres les plus sévères pour qu'on s'emparât, *vifs ou morts*, de ceux dont le parti voulait se débarrasser; un gendarme porta le pli à la préfecture de police.

Mais déjà commençait dans ce lieu une terreur motivée par les rapports multipliés des agens secrets; tous venaient de parcourir la ville et en avaient vu l'exaspération. On se préparait de toutes parts à une résistance légale; il fallait craindre de faire naître l'incendie sur trop de points à la fois en procédant à la même heure à quarante arrestations dans les divers quartiers. C'était allumer autant de volcans; force fut au magistrat fanatique de suspendre jusqu'au lendemain l'exécution de la volonté ministérielle: on n'arrêta donc personne.

Mangin était un de ces bravaches hardis au milieu du calme, et qui n'ont ni cœur, ni bras, ni tête pour affronter la tempête. Féroce par instinct, turbulent par caractère, ambitieux sans aucun de ces talens qui font pardonner l'intrigue, sorti des dernières classes de la société, ainsi que le prouvent les formes de son éducation, rampant vis-à-vis de la cour dont il voulait être l'âme damnée, espérant sa fortune du mal qu'il ferait à ses concitoyens, c'était un homme dont chaque parole était une insulte, chaque acte un viol de justice, chaque pensée un crime contre les droits de la nation. Mais au milieu de tant d'audace, de jactance, de servilisme, on trouvait une lâcheté morale inséparable de ces sentimens, il saurait combattre en faveur du despostime, tant que le despotisme conserverait le pouvoir; mais susceptible de toutes les terreurs dans la crise du péril.

Il ne fallait donc pas que le ministère comptât beaucoup sur lui; déjà il reculait dans la carrière du mal, non par remords, mais par peur; il jetait autour de lui des regards troublés. Peyronnet reçut alors d'un agent supérieur de la police une lettre ainsi conçue :

« Monseigneur,

» Je suis au désespoir d'apprendre à Votre Ex-

» cellence qu'il est dangereux, sinon impossible,
» de mettre aujourd'hui la main sur les rebelles
» que vous me désignez; l'attitude du peuple est
» trop menaçante; il ne demande qu'un prétexte
» pour prendre les armes, et je ne crois pas
» l'état-major de la place en mesure pour conte-
» nir les divers quartiers. On ne pourrait procé-
» der en secret à l'enlèvement des prévenus,
» et le moindre cri ferait accourir une partie de
» la canaille à leur défense. Il convient de faire
» entrer cette nuit dans Paris un nombre suffi-
» sant de militaires qui s'emparent des places,
» des quais, des boulevards, des grandes rues,
» afin d'intimider la canaille, qui reculera cer-
» tainement devant des soldats et des canons. Il
» y a urgence à prendre de grandes mesures; tout
» délai serait fatal.

» Les rapports qui arrivent de tous côtés s'ac-
» cordent à dire que l'exaspération gagne les es-
» prits; nos ennemis, les gens du commerce,
» ont fait un coup de parti en retirant le travail
» aux ouvriers. Je crois que plus tard il faudra
» leur faire rendre compte de cette mesure in-

» surrectionnelle, et la punir sévèrement. Au-
» jourd'hui il sera bon de faire peur par quelques
» décharges à mitraille; chacun rentrera chez
» soi quand on aura vu que nous ne badinons
» pas. Souvenons-nous de la rue Saint-Denis, et
» la victoire restera à la sainte cause de la reli-
» gion et du roi.

» Demain, on arrêtera les quarante-cinq, et
» avec eux tous les meneurs de la journée pré-
» sente.

» J'ai l'honneur d'être, etc. »

Cette lettre, dont l'original a été trouvé aux Tuileries, et dont il a couru des copies avec de légères variantes, acheva de mettre M. de Peyronnet de mauvaise humeur. Dès la veille, attendu d'ailleurs son esprit belliqueux, il avait en quelque sorte pris la direction de la partie militaire concernant la ville de Paris. Polignac, tremblant déjà pour sa vie, et hors d'état de donner un ordre convenable, lui cédait le ministère de la guerre, allant répétant partout :

« Oh ! reposons-nous sur le ministre de l'intérieur ; c'est un brave à trois poils, un vrai crâne ; il sera le héros de la semaine ; je mets en lui une confiance aveugle. »

Peyronnet donc expédia sur l'heure l'ordre d'extraire des dépôts plusieurs pièces de canon ; et, en les voyant passer, il dit à ceux qui étaient auprès de lui : « Voilà les précepteurs du peuple de Paris qui arrivent ; la leçon ne tardera pas à être donnée ; elle sera forte et prompte. » Ce mot atroce fut trouvé charmant ; et un gentilhomme de la chambre, qui était là, le comte de D....., partit en toute hâte pour en régaler le roi à Saint-Cloud.

Ce fut au milieu de cette journée menaçante qu'un ecclésiastique dont j'ai oublié le nom prit sur lui de venir à l'archevêché intercéder M. de Quélen en faveur du peuple ; il lui représenta que l'on paraissait déterminé à ne point plier sous l'illégalité des ordonnances du 25 ; que la résistance en armes était sur le point d'avoir lieu. « Monseigneur, ajouta ce saint prêtre, voici une occasion précieuse pour réconcilier tous vos diocésains avec le clergé de la cathédrale ; rendez-leur la religion plus aimable en vous prononçant pour la cause de la nation et des lois ; rendez-vous à Saint-Cloud à la tête de votre chapitre, en traversant Paris à pied : un tel acte vous assurera l'amour du peuple, en vous donnant plus de droits encore à son respect et à sa vénération. »

Tandis que le bon prêtre parlait, M. de Quélen exprimait son mécontentement par la sévérité de sa figure ; puis, prenant la parole, il demanda si on le prenait pour un factieux, et si on pensait qu'il voulût recommencer le célèbre coadjuteur, depuis cardinal de Retz ; que son rôle était de se renfermer en une soumission absolue aux volontés du roi, et en même temps d'inspirer les mêmes sentimens à son troupeau.

Il lui fut répondu :

« — Monseigneur, vous perdez une belle occasion de réhabiliter l'église ; vous ne voyez pas qu'aujourd'hui la faction est à Saint-Cloud, et la légalité à Paris. »

La conversation s'échauffa; le donneur de conseils fut malmené, le prélat persista dans sa conduite de partialité, ne se doutant pas qu'avant peu il aurait à quitter en fugitif ce palais superbe, et qu'il verrait tomber cette monarchie, que peut-être une démarche généreuse de sa part aurait retenue au bord de l'abîme. Il reprocha aigrement au prêtre venu dans de si bonnes intentions de se faire philosophe. Le prêtre lui dit:

« — Prenez garde, monseigneur, à votre propos. On est donc raisonnable quand on est philosophe. Voyez M. Debelleyme: hier, sans préjuger encore le fond de la question, il a autorisé le *Journal de Paris* à paraître provisoirement; cette mesure toute sage lui vaudra l'estime des Parisiens. »

## CHAPITRE X.

Les *ordonnances* étaient pour les journaux d'opposition un véritable arrêt de mort. Il ne leur restait plus, après avoir refusé de s'y conformer, que de repousser autant qu'il serait en eux la violation de leur propriété. Voici comment le *National* raconte lui-même la descente de la police dans ses bureaux :

DESCENTE DANS LES BUREAUX DU *NATIONAL*.

Ce matin, à neuf heures, la place des Italiens, voisine des bureaux du *National*, a été occupée par la gendarmerie à pied et à cheval; la rue Neuve-Saint-Marc, et toutes les rues adjacentes, ont été parcourues par des patrouilles. A onze heures, deux commissaires de police, appuyés par cette force armée, se sont présentés aux bureaux du *National*, et ont signifié l'ordre de M. Mangin, en vertu duquel ils venaient saisir les presses du *National*, par suite de notre refus de nous soumettre aux ordonnances du 25.

Nous avons déclaré à MM. les commissaires que le pouvoir qui les envoyait étant tout-à-fait sorti de la légalité, nous ne devions point obéissance à ce pouvoir; qu'eux-mêmes, officiers civils, établis tels par les lois en vigueur sous la Charte, étaient en rébellion contre la légalité, en se faisant porteurs et exécuteurs d'un mandat attentatoire à la Charte; que la saisie qui allait s'opérer ne pouvait être considérée par nous que comme le vol de notre propriété, et que ce vol ne serait consommé que par la violation avec effraction de notre domicile; que, dans l'impossibilité où nous étions d'opposer la force à la force, il ne nous restait qu'à protester contre la violence.

MM. les commissaires Colin, du quartier de la Cité, et Béraud, chargés des délégations judiciaires, ayant cru, malgré nos protestations, devoir procéder aux perquisitions et à la saisie, ont pénétré dans nos bureaux, assistés par la gendarmerie et les officiers de paix. Les perquisitions les plus minutieuses pour trouver les exemplaires du numéro de ce matin, qu'on supposait exister chez nous, ont été vaines. L'anxiété qui s'est emparée de la population parisienne, et la non-apparition de la plupart des journaux de l'opposition, privés de leurs imprimeurs par l'effet de l'ordonnance, avaient amené, de très-grand matin, aux portes du *National*, une foule considérable qui, en moins d'une heure, avait absorbé sept mille exemplaires. Notre tirage était épuisé, et le zèle de nos imprimeurs, accablés de fatigue depuis deux jours, ne pouvait plus suffire aux demandes.

MM. les commissaires, sur notre refus d'ouvrir les portes du lieu où sont établies nos presses, ont dû recourir à l'effraction. La porte a été enfoncée. On n'a point enlevé nos presses, mais on les a fait démonter; on a emporté les pièces les plus importantes du mécanisme, et ainsi, aux termes de l'ordonnance du roi, elles ont été mises *hors d'état de servir*, car c'est le même résultat. Ce que l'on ne peut pas emporter, on le détruit, on le brise; il n'y a plus de garantie pour la propriété des citoyens.

Après leur exécution, MM. les commissaires se sont retirés en nous exprimant le regret de ne pas nous avoir trouvés plus disposés à l'obéissance. Comme il est impossible que de telles violations demeurent impunies, et que les officiers civils qui se prêtent à leur exécution n'aient pas un jour à rendre de leur conduite le compte le plus grave, nous croyons de notre loyauté de dire, prévoyant déjà le moment où justice, et justice sévère, sera rendue, que MM. les commissaires Colin et Béraud ont adouci, autant qu'il a été en eux, par les formes, l'odieux de la criante mission qu'ils sont venus remplir. Mais le crime n'en est pas moins commis, les lois n'en sont pas moins violées; et si l'on ne s'est pas porté contre nous à des extrémités sanglantes;

si nous n'avons pas été assassinés en plein jour, par des soldats, chez nous, dans le lieu où nous nous livrions, sous la protection des lois, à l'examen des actes du pouvoir et à la défense des droits du pays, ce n'est point parce que MM. les commissaires ont été polis, c'est que nous avons cru que notre devoir, comme citoyens et comme écrivains, devait se borner au refus d'obéissance. Les refus d'obéissance sans voies de fait suffiront, nous l'espérons encore, à sauver nos libertés. Nous étions placés à l'avant-garde ; nous avons fait pour notre part ce que nous n'avions cessé de conseiller au pays en cas de suspension de la légalité. Que le refus d'obéissance descende maintenant jusqu'au dernier des contribuables, et cet échafaudage monstrueux tombera. Nous avons sacrifié notre propriété comme écrivains, nous sommes prêts à la sacrifier comme contribuables.

La même expédition, faite dans les presses et les bureaux du *Temps*, a donné lieu à une scène encore plus violente, dont nous aurons à emprunter aussi le récit aux courageux rédacteurs de cette feuille.

#### PREMIÈRE SAISIE DE NOS PRESSES.

Aujourd'hui 27, à onze heures et demie, on est venu, au nom d'ordonnances illégales, pour violer l'habitation d'un citoyen protégé par les lois de l'état. Des hommes que nous ne connaissons point, pâles, défaits, abattus, malheureux déjà du crime qu'ils allaient commettre, ont commis un vol avec effraction.

L'un d'eux, il est vrai, s'est décoré d'une écharpe de magistrat qui ne pouvait être qu'une imposture, car un magistrat ne se présente et n'agit qu'au nom de la loi. D'autres hommes, revêtus d'un habit respectable, celui de soldat français, ont assisté plutôt que participé à une opération nouvelle pour eux, et dont ils semblaient aussi affligés que nous-mêmes. A jeûn depuis une heure du matin, ils souffraient moins de leurs privations que de leur ministère. Nous leur avons offert des rafraîchissemens.

Rendons-leur cette justice qu'ils ont gardé, durant une visite qui leur semblait longue, une dignité que leur uniforme leur impose toujours, mais qui, dans cette occasion, paraissait être pour eux autant un besoin qu'un devoir.

Sept heures ont été employées par les agens de la violence à tenter tous les moyens de pénétrer dans notre demeure. Des ouvriers ont appris à des magistrats le respect de la loi. Un d'eux, M. Pein, maître serrurier, se découvrant à la lecture d'un article du Code, a refusé de concourir à l'effraction, qu'un homme revêtu d'une écharpe lui demandait.

Un second, plus jeune, de l'atelier Godot, mais avec le même courage et la même simplicité, a résisté légalement à des obsessions de tout genre mises en usage pendant deux heures pour le séduire ou l'intimider. Enfin, on n'a pu trouver dans le quartier un ouvrier qui voulût violer un domicile et se rendre complice d'un vol.

On est alors allé demander au magistrat qui

a mission spéciale de protéger la propriété, au préfet de police, les moyens d'y attenter. Il a envoyé pour crocheter nos portes, qui? celui-là même qui a pour charge de river les fers des forçats. Digne instrument d'une semblable mission ! digne emblème du traitement que les rébelles du 26 juillet destinent aux citoyens ! Voilà par quelles mains le crime a été consommé.

Le reste s'est passé en formalités, copiées sur les opérations judiciaires. Nous avons dressé l'état des objets volés chez nous, pour le représenter en justice. Nous n'avons fait aucune protestation entre les mains de prétendus commissaires qui se rendaient coupables d'effraction : c'eût été leur reconnaître un autre caractère que celui de criminels.

Les détails de ce qui s'est passé pendant ces sept longues heures importent peu aux lecteurs : quand le règne de l'ordre sera rétabli, nous les porterons devant la magistrature; c'est à elle que nous demanderons justice; et si aucune loi ne réprimait le fonctionnaire qui tourne contre la loi l'arme qui lui est confiée pour la défendre, nous aurions rempli un devoir en constatant l'urgence des lois de responsabilité qui nous manqueraient.

Une nombreuse réunion de citoyens nous a pendant ce débat soutenu de son approbation calme et de ses exemples de fermeté. Nos ouvriers, dont on venait arracher le pain, ont contenu leur indignation, et ont voulu, comme nous, que la force eût tout le tort de vaincre la loi. Tous les assistans ont observé en silence les détails de l'effraction; ils nous ont donné leurs noms avec empressement pour les appeler devant les tribunaux comme témoins d'une violation de domicile, d'un vol, d'une effraction commise par ceux que, sous le règne de la loi, nous aurions requis pour nous protéger. Nous avons d'autant plus tenu; nous, simples citoyens, nous, victimes, à nous tenir dans la lettre et l'esprit de la loi, que les agens de l'autorité s'en tenaient dehors.

Que toutes ces personnes, dont beaucoup

nous sont inconnues, trouvent ici l'expression de notre gratitude. Non, quoi qu'elles en aient dit, il n'y a point de mérite à se montrer ferme et dévoué quand on a derrière soi la France et qu'on remplit son devoir.

## NOUVEAU JOURNAL DE PARIS.

(Mardi 27 juillet 1830, une heure du matin.)

Considérant les ordonnances qui ont paru ce matin dans le *Moniteur* contre la presse périodique comme complétement illégales, et pensant qu'il était indigne d'écrivains constitutionnels de consacrer une pareille violation de la Charte en s'y soumettant, nous avions résolu de publier notre journal comme à l'ordinaire, et nous y aurions inséré la protestation que nous avons signée aujourd'hui avec les autres gérans des feuilles constitutionnelles.

M. Plassan, craignant de se compromettre en continuant d'imprimer notre feuille, nous a refusé son ministère. Nous avons introduit sur-le-champ un référé devant M. Debelleyme, qui a rendu l'ordonnance suivante :

Nous, président du tribunal de première instance, après avoir entendu M° Delavigne, avoué pour le sieur Léon Pillet, et le sieur Plassan, imprimeur, lequel a répondu à l'assignation, qu'il refusait d'imprimer le journal dans la crainte de perdre son brevet, s'en rapportant à justice relativement à la demande, la décision de la question relative au brevet étant de la compétence de l'autorité administrative ;

Attendu que l'ordonnance du roi du 25 de ce mois, relative à la presse périodique, n'a pas encore été promulguée selon les formalités prescrites par l'art. 4 de l'ordonnance de 27 novembre 1816 et l'art. 1$^{er}$ de l'ordonnance du 18 janvier 1817; qu'il convient de donner aux journaux existans le temps de se pourvoir conformément à l'art. 2 de cette ordonnance du 25 juillet, et qu'une interruption porterait préjudice; ordonnons que le sieur Plassan procédera à la composition et impression du *Journal de*

*Paris*, qui doit paraître demain, et pour ledit jour seulement, et renvoyons les parties à se pourvoir au principal. Ce qui sera exécuté sur minute avant enregistrement comme ordonnance de référé.

Fait en notre hôtel, le 26 juillet 1830.

DEBELLEYME.

Malgré cette ordonnance, M. Plassan a persisté dans son refus, et l'heure trop avancée dans la nuit ne nous a pas permis de pénétrer jusqu'à M. le premier président de la cour royale. Force nous est donc de renoncer pour aujourd'hui à la publication. Mais, dès ce matin, M. Plassan répondra devant les tribunaux de son refus d'obtempérer à une ordonnance exécutoire par provision. Nous ferons connaître à nos abonnés le résultat de ce procès, auquel les circonstances donnent une gravité qui ne peut échapper à personne.

*Le Rédacteur en chef, gérant responsable,*

Léon PILLET.

Les députés rendus à Paris ne purent rester impassibles en apprenant de pareils actes; ils crurent devoir opposer au moins une protestation à l'illégalité de l'ordonnance qui les attaquait plus particulièrement. Peut-être devait-on attendre d'eux quelque chose de plus ; mais enfin considérant que quelques-uns d'entre eux ne se croyaient plus députés, la protestation avait encore un air de courage, quoiqu'elle fût au dessous de la circonstance. La voici telle qu'elle fut rédigée chez M. Casimir Périer:

« Les soussignés, régulièrement élus à la dé-
» putation, conformément à la Charte constitu-
» tionnelle et aux lois sur les élections, se trou-
» vant actuellement à Paris,

» Se regardent comme absolument obligés, par
» leur devoir et leur honneur, de protester
» contre les mesures que les conseillers de la
» couronne ont fait naguère prévaloir pour le
» renversement du système légal des élections
» et la ruine de la liberté de la presse.

» Lesdites mesures, contenues dans les or-

» donnances du 25 juillet, sont aux yeux des
» soussignés directement contraires au droit
» constitutionnel de la chambre des pairs, au
» droit public des Français, aux attributions,
» aux arrêts des tribunaux, et propres à jeter
» l'état dans une confusion qui compromet éga-
» lement la paix du présent et la sécurité de l'a-
» venir.

» En conséquence, les soussignés, inviolable-
» ment fidèles à leur serment, protestent d'un
» commun accord non seulement contre lesdites
» mesures, mais contre tous les actes qui en
» pourraient être la conséquence.

» Et attendu, d'une part, que la chambre des
» députés n'ayant pu être constituée, n'a pu
» être légalement dissoute; d'autre part, que la
» tentative de former une autre chambre des dé-
» putés, d'après un mode nouveau et arbitraire,
» est en contradiction formelle avec la Charte
» constitutionnelle et les droits acquis des élec-
» teurs, les soussignés déclarent qu'ils se consi-
» dèrent toujours comme légalement élus à la

» députation par les colléges d'arrondissement,
» et de département, dont ils ont obtenu les suf-
» frages, et comme ne pouvant remplacer qu'en
» vertu d'élections faites les principes et les for-
» mes voulues par les lois;

» Et si les soussignés n'exercent pas effective-
» ment les droits et ne s'acquittent pas de tous
» les devoirs qu'ils tiennent de leur élection lé-
» gale, c'est parce qu'ils en sont empêchés par
» une violence matérielle.

» Et ont signé:

« MM. Labbey de Pompières, Sébastiani, Mé-
» chin, Casimir Périer, Guizot, Audry de Puy-
» raveau, André Collot, Gaétan de La Roche-
» foucault, Mauguin, Bernard, Voisin de
» Gartempe, Froidefond de Bellile, Villemain,
» Firmin Didot, Daunou, Rollis, Villemont, de
» Lariboissière, comte de Bondy, Louis Du-
» fresne, Girod de l'Ain, Laisné de Villevès-
» que, Benjamin Delessert, Marchal, Nau de
» Champlouis, Milloux, comte d'Estourmel,

» comte de Lobau, baron Louis, comte de
» Montguyon, Levaillant, Tronchon, général
» Gérard, Jacques Laffitte, Garnier, Dugas-Mon-
» bel, Casimir Périer, Vassal, Alexandre de La-
» borde, Jacques Lefebvre, Mathieu Dumas, Eu-
» sèbe Salverte, de Doulmaine, Chardel, Her-
» noux, Bavoux, Charles Dupin, Hély-d'Oissel,
» Eugène d'Harcourt, Baillot, général Lafayette,
» Georges Lafayette, Jouvencel, Bertin de Vaux,
» comte de Lameth, Bernard, Duchaffaut, Au-
» guste de Saint-Aignan, Kératry, Ternaux, Jac-
» ques Odier, Benjamin Constant. »

Ce n'étaient pas là les seuls députés libéraux présens à Paris; mais si une fausse prudence les retint, plus tard ils se réunirent à leurs collègues généreux, entre autres M. Dupin aîné.

Plus on avançait dans la journée, plus la ville prenait un aspect menaçant; la résolution de la résistance aux volontés insolentes et inconstitutionnelles de la cour inspirait déjà cette fermeté, gage certain de la victoire. Des rassemblemens partiels se formaient dans divers quartiers; les ouvriers se ralliaient sur les places de Grève, du Châtelet, sur les quais et les ponts environnans; les boulevards, principalement depuis la rue Saint-Martin jusqu'à celle du Mont-Blanc, offraient une affluence prodigieuse de citoyens des classes relevées qui, eux aussi, prenaient l'engagement de combattre et de mourir pour la patrie. Les étudians en droit et en médecine, les artisans des faubourgs Saint-Jacques, etc., se rendaient sur les places de l'Odéon et de l'École de Médecine; la foule affluait encore au Palais-Royal, dont l'autorité fit fermer les portes à midi précis, sur la place, dans les rues Saint-Honoré, Richelieu, et celles adjacentes.

Partout, avec un extérieur calme, on annonçait le dessein de repousser la force par la force, et de ne pas se laisser arracher des droits acquis, surtout celui de la presse, si précieux à tous les Français. Ce droit, par l'effet des circonstances, n'appartenait seulement pas aux hommes qui avaient reçu une éducation soignée, il était devenu la propriété de tous: chacun sait lire maintenant; l'amour de l'instruction est commun. Le chiffonnier lit, appuyé sur sa hotte, non plus ces tristes brochures également contraires au goût et aux mœurs, ces fades plaisanteries des écrivains corrompus du dernier siècle, mais les productions immortelles de nos grands maîtres; Voltaire, Buffon, Montesquieu, Racine, Rousseau, Bossuet, ne sont pas inconnus du peuple. Les ouvriers lisent aussi les gazettes; en s'instruisant ils sont devenus bons citoyens, ils aiment leur patrie, comprennent ses intérêts, et s'y attachent d'autant plus qu'elle n'est plus pour eux un être de raison.

## CHAPITRE XI.

La police, à la vue de ces rassemblemens hostiles, déploya sur-le-champ les forces qu'elle avait en son pouvoir; mais, tandis que les troupes de ligne accouraient pour prendre position sur le Carrousel, la place de la Bourse, la place Vendôme, les quais, la rue Saint-Honoré et les boulevards, les obscurs séides de cette police malfaisante cessaient d'agir, dans la crainte du châtiment. Ils rôdaient, non plus pour arrêter les individus qui annonçaient la résolution de s'armer, mais pour prendre leur signalement, et chercher à les reconnaître quand il s'agirait de punir. On les signalait eux-mêmes parfois; et alors, si par une prompte fuite il n'avaient pu se soustraire à la colère du peuple, ils étaient horriblement maltraités. La foule allait toujours croissant.

La ligne paraissait, de son côté, peu empressée à se mettre en opposition avec les citoyens; on remarquait déjà parmi les régimens de la garnison de Paris une hésitation, une crainte de mal faire, une frayeur de l'inconstitutionalité, présages funestes pour les suppôts de la tyrannie; le soldat savait qu'avant d'être au roi, il appartenait à la patrie; il se demandait s'il devait préférer des ministres parjures à des frères de la grande famille, dont il était l'un des fils : vainement ses officiers excitaient son amour-propre en lui représentant combien les bourgeois l'insultaient. Il se disait: « Ce n'est pas moi qu'on outrage, mais un roi sans gloire, une cour sans génie, des ministres sans popularité. Ces braves gens veulent conserver leurs droits; ce sont les miens. Ils combattront pour eux et pour moi en les repoussant; et je combattrai au contraire contre moi en les repoussant. J'aime à lire; on s'opposera, si je triomphe, à ce que je puisse m'instruire; je resterai toujours soldat, car je ne suis ni noble, ni frère ou neveu de prêtre. »

Aussi dès le 27 au soir, la ligne écoutait les jeunes filles qui s'approchaient d'elle, la suppliant de ne pas faire de mal aux Parisiens; elles tenaient un doux langage et promettaient des récompenses à ceux qui se réuniraient à leurs concitoyens. Les hommes graves, les jeunes gens s'adressaient à des sentimens plus relevés.

« Mes amis, leur disaient-ils, nous sommes prêts à soutenir la cause sacrée du peuple. Prendrez-vous parti pour ses oppresseurs? vous êtes peuple comme nous; ce sera un sacrilége si vous nous massacrez. Le roi, qui vous caresse aujourd'hui, vous déteste en secret, vous méprise, parce que vous êtes vilains, manans ou bourgeois. Il ne cherche pas à vous procurer cette gloire si chère aux Français; il vous retient dans une oisiveté honteuse, il ne vous emploie qu'à le garder ou qu'à accompagner des processions ; il fait de vous des soldats du pape. »

Ces paroles entendus des soldats leur faisaient comprendre le rôle honteux qu'ils avaient joué et celui plus déshonorant encore qu'on leur destinait. Ils se taisaient avec peine, mais leurs regards, leurs gestes, leurs mots rapides, annonçaient quel nouveau sentiment s'éveillait dans leur âme et vers quelle cause ils ne tarderaient pas à pencher.

Cependant le peuple continuait de prendre une attitude défensive. Déjà dans la rue Saint-Honoré il essayait de se retrancher, et vers sept heures du soir, deux omnibus furent arrêtés, renversés vers les rues Saint-Louis et Traversière ; on enleva les roues et on les disposa en forme de barricades; deux charrettes chargées de platras et de tuiles sont également enlevées et déchargées, afin de fournir des armes à ceux qui n'en avaient pas. Bientôt en avant de

Saint-Roch et de l'entrée de la nouvelle rue des Pyramides, une autre barricade s'élève comme par enchantement; des poutres, des planches, la composent; elle présente un aspect véritablement militaire.

Jusqu'à ce moment le tumulte n'avait été suivi d'aucune voie de fait; mais les hommes du pouvoir, placés en vedette, décident que l'heure d'agir est venue. Des ordres partent à la fois du ministère des affaires étrangères, de celui de l'intérieur et de la préfecture de police : ces ordres portent de dissiper toute espèce de rassemblement, de faire respecter la volonté prétendue du roi; c'est donner le signal du meurtre : il convient sans doute de le faire précéder des sommations voulues par la loi martiale; mais ces sommations n'ont pas lieu, tant on a soif d'illégalité dans ce parti criminel, impatient de se baigner dans le sang des Français.

On ne voit point à la tête des détachemens qui s'avancent les magistrats municipaux revêtus de leur écharpe, ils ne lisent pas l'ordonnance qui interdit les rassemblemens; les commissaires de police, les maires, les adjoints ont disparu; ce sont des lâches qui abandonnent leurs administrés à la mitraille des assassins enrégimentés. Il ne tombera jamais assez de mépris sur les fonctionnaires civils de Paris, en punition de la conduite infamante qu'ils ont presque tous tenue pendant ces trois fatales journées: suppôts du despotisme tant que le despotisme a régné, ils se sont rangés, par leur absence coupable, dans les hordes de nos ennemis; ils nous ont abandonnés sans secours à leurs sabres, à leurs canons, se préparant, en cas de succès pour la cour, à demander la récompense de leur inertie liberticide. Nous sommes, grâce à Dieu, délivrés de ces indignes magistrats, dans lesquels la reconnaissance du peuple ne confondra pas M. Huteau d'Origny, maire du 10° arrondissement, et ses deux adjoints.

Les Parisiens ne pouvaient croire que l'attaque tentée contre eux ne serait précédée d'aucun avertissement; ils cherchaient des yeux les commissaires, les inspecteurs de police, les maires, les adjoints en costume. La sodaltesque était là non menaçante de visage dans son attitude armée, mais remplie d'inquiétude et d'hésitation; ils ne s'y trompèrent pas, car les premières compagnies qui parurent en bataille dans la rue Saint-Honoré furent reçues par des *vivat*, on courut à elles le chapeau à la main, on leur parla, on les harangua, on employa, pour les toucher, les mots sacrés d'honneur, de liberté, de patrie. Les soldats français les comprenaient, et prenaient plaisir à fraterniser avec les citoyens.

Les officiers, qui ne s'attendaient pas à cette façon de commencer la guerre, ne purent non plus prendre sur eux de répondre par des coups de fusil à des paroles de paix et d'amitié. Le général de Walsh, qui avait le malheur de commander en chef dans ce moment, était sur la place du Palais-Royal (la scène que je décris avait lieu dans la rue Saint-Honoré). Les officiers retournèrent prendre ses ordres, et lui communiquer de quelle manière les citoyens accueillaient les soldats ; ils reçurent l'ordre d'amener ceux-ci en patrouille, et de laisser le champ libre à la garde royale.

Celle-ci, en effet, accompagnée d'un détachement de lanciers, ne tarda pas à paraître : les trompettes sonnant et les tambours battant la charge, on marche droit aux barricades dont les défenseurs ne sont armés que de pierres. La garde royale fait feu, les citoyens tombent, le sang a coulé....., et le front de Charles X est brisé dès ce premier moment. Les barricades sont enlevées, et le cri de *vive le roi* est poussé sur des cadavres, triste présage qui annonçait que ce cri ne serait dorénavant que le signal du meurtre et de la guerre civile.

Le peuple se disperse momentanément, les soldats poursuivent leur route triomphante et sanglante; les lanciers, qui se distinguent par une lâche férocité, frappent indistinctement tous ceux qu'ils peuvent atteindre : un vieillard tombe blessé à mort à deux pas de moi, et il expire en criant : *vive la Charte! vive la liberté!*

« Voilà un bon coup de collier, dit Polignac, à qui on annonce ce début homicide; encore quatre ou cinq comme celui-là, et la canaille rentrera dans ses tanières. Qu'on poursuive!!! La saignée n'est pas moins bonne en juillet qu'en août!! »

L'infâme faisait allusion à un mot atroce et célèbre des assassins des calvinistes, dans la nuit célèbre de la première Saint-Barthélemy.

Mais ce peuple, ainsi dévoué à la mort, comment va-t-il répondre à Polignac? Il lui répondra par la vengeance et par la victoire.

Une femme d'environ trente à trente-cinq ans, dit M. Darmaing, rédacteur en chef de la *Gazette des Tribunaux*, tombe frappée d'une balle au front, dans la rue Saint-Honoré. Un garçon boulanger, les bras, les jambes nus, homme d'une stature colossale et d'une force herculéenne, saisit le cadavre, et le tenant au-dessus de sa tête, le transporte jusque sur la place des Victoires, en criant *vengeance!* Là, après l'avoir étendu par terre devant lui et au pied de la statue de Louis XIV, il harangue la multitude dont il est entouré avec une énergie qui faisait vibrer toutes les âmes; puis, ramassant de nouveau le cadavre, il l'emporte vers le corps-de-garde de la Banque qui est tout près de la place des Victoires; et, à peine arrivé devant les soldats rassemblés sur la porte, il leur lance ce cadavre tout sanglant à la tête, en leur disant :

« Tenez, voilà comme vos camarades arrangent nos femmes! en ferez-vous autant? »

— « Non, répond un de ces militaires en lui serrant la main; mais, venez donc avec des armes. »

« Tous les autres soldats avaient la pâleur sur le visage, et de grosses larmes roulaient dans les yeux de l'officier. Quelques instans plus tard, comme on se plaignait à un officier, en lui montrant des citoyens tués par la garde royale, on l'a entendu dire d'une voix concentrée :

« Tuez-moi, tuez-moi ; la mort est préférable à une position aussi horrible que la nôtre ! »

Un autre cadavre fut apporté aussi sur la place de la Bourse. La foule du peuple, à cet aspect, ne connut plus de bornes ; il se précipita sur le poste qui était là, massacra ceux qui opposèrent de la résistance, pardonna aux autres, et brûla les corps-de-garde, dont les débris flambaient encore le lendemain.

Cette soirée du 27 vit le commencement non de la guerre civile, car elle n'existe point là où tous sont d'accord contre un seul, mais de cette guerre sacrilége dirigée par des parjures et des traîtres contre une nation réunie pour défendre ses institutions. La garde royale, les Suisses, la gendarmerie et les lanciers, tuèrent, ce même soir, beaucoup de monde sur divers points ; ils eurent en général l'avantage, mais ils devaient le payer cher. La nuit suspendit les combats partiels sans calmer les esprits qui s'échauffaient de plus en plus. Cependant aucun ensemble n'existait parmi les défenseurs de la bonne cause ;

nul chef ne la dirigeait; ils n'avaient ni centre d'unité, ni gouvernement, ni munitions, ni armes; tout cela était remplacé par la haine portée à la maison royale et au ministère.

## CHAPITRE XII.

Il y avait à côté du trône de Charles X un prince dont le nom faisait déjà battre le cœur des Français, et qui, par sa popularité, inspirait des craintes sérieuses à cette cour conspiratrice. Ce prince avait, dès sa jeunesse, montré des sentimens patriotiques qui le rendirent cher à toute la nation Dégagé des préjugés si communs parmi ceux de son rang, il ne voyait pas tout le royaume dans quelques flatteurs; jeune, il prit part à nos victoires, combattit avec courage et franchement pour la cause de la liberté, et ce fut sur les champs de bataille qu'il commença son éducation militaire.

Ce prince n'émigra point dans le but d'aller nous chercher des ennemis, il ne traita pas du sang de ses concitoyens avec les puissances étrangères, il ne participa en rien à la honte du traité de Pilnitz; mais il sortit des frontières pour sauver sa vie, pour épargner un crime de plus à d'ignobles scélérats, et sans doute aussi par l'ordre de la providence, qui le destinait pour nous sauver un jour de l'anarchie, pour nous ramener dans la ligne de la monarchie constitutionnelle, où nous trouverons repos et bonheur.

Ce prince, dédaignant de mendier le pain de la honte en tendant à des souverains une main flétrie, ne voulant pas, comme le comte d'Artois, vivre aux dépens des Français malheureux en dévorant les sommes que l'on mettait à sa disposition pour leur existence, chercha dans lui-même les ressources que son instruction lui offrait; il ne se crut pas déshonoré dans un collége, où il donna des leçons de mathématiques.

Jamais on ne put lui arracher une parole, un acte au détriment de la France; jamais il n'entra dans aucun de ces complots obscurs ou ridicules que les autres Bourbons formaient contre elle; aussi fut-il perpétuellement en butte aux fureurs des transfuges, qui ne lui pardonnèrent pas ses vertus civiques; mais si les émigrés, si les membres de sa famille ne se lassèrent pas de le haïr et de le persécuter, il en fut bien dédommagé par les témoignages unanimes de cette estime qui n'est accordée qu'à de grands caractères, et qui ne récompense que les hommes de bien.

A sa rentrée, il ne se montra ni l'ennemi de la nation ni jaloux de sa gloire passée; il adopta nos beaux faits d'armes des journées d'Arcole, des Pyramides, de Marengo, d'Austerlitz, d'Iéna, et voulut que les tableaux qui représentaient ces triomphes si admirables ornassent les salles de son palais; il repoussa les émigrés pour ne s'environner que de nos principaux capitaines. Enfin, il nous montra qu'il voulait être nôtre, et pas Anglais ou Prussien comme Charles X.

Ce ne fut point par son appui que grandirent les étrangers, les prêtres, les favoris, que les abus reparurent, que la féodalité se remontra; il repoussa toute coopération à des actes nuisibles à la prospérité nationale; il voulut compter non parmi les vainqueurs du moment, mais parmi les vaincus qui succombaient couverts de gloire. Opposé à la marche que la *camarilla*, que le gouvernement occulte dictait au pouvoir, il se retira des affaires, protesta par son silence, par sa conduite, à toutes les attaques inconstitutionnelles, et dont la Charte était le but.

Il n'eut pas besoin dans la maturité de l'âge, pour réparer les débauches d'une vie licencieuse, de se jeter dans une dévotion puérile. Jamais ses mœurs ne furent dépravées, jamais l'état ne lui reprocha d'avoir contribué à la dilapidation des finances. Bon fils, bon père, bon époux, citoyen digne d'être offert en modèle aux princes et aux particuliers, il a toutes les qualités qui forment le grand roi et l'homme privé; économe, il sait unir ce qu'il doit à son rang avec la sévérité de ses principes; il n'eut jamais d'autre ambition que celle de nous plaire, il n'exista que pour concourir à nous rendre heureux.

La cour des Tuileries, importunée par tant de mérite, par une conduite si honorable, et par les bénédictions qui proclamaient chaque jour le duc d'Orléans le chef de cette famille, complotait, depuis surtout l'entrée de Polignac aux affaires, de se débarrasser de sa présence et de l'envoyer en exil dans l'étranger. Tout disait à cette cour impuissante que ce prince serait un jour le sauveur de la nation, que c'était à lui qu'on adressait en secret les vœux et les espérances; aussi le surveillait-elle avec soin, se flattant de le trouver en défaut.

Mais son altesse royale ne conspirait pas; elle attendait, comme Guillaume de Nassau. Charles X prenait le soin de comploter pour elle. Le prince n'avait qu'à laisser agir ses ennemis. Il lui suffisait du tableau de sa vie ordinaire, de ses qualités, de ses vertus, pour que tous les vœux, toutes les opinions se ralliassent à lui ; aussi, à chaque nouvelle violation de la Charte, chaque fois que le peuple était lésé dans ses droits, il tournait ses regards vers le Palais-Royal, comme si une voix secrète lui eût révélé que de là sortirait son protecteur, celui qui tôt ou tard rendrait à la France tout ce que les autres Bourbons lui avaient enlevé.

Les dispositions hostiles de la cour contre le duc d'Orléans devinrent plus menaçantes au moment où l'on détruisit la Charte. Polignac, qui était le véritable roi, et qui, par son imbécillité, représentait convenablement la majesté royale d'alors, prit sur lui, dès le dimanche 25, d'ordonner qu'une surveillance active environnât à Neuilly le prince ; il osa même, dans la journée du 28, commander son arrestation ; mais cet attentat était prévu, et il ne put être exécuté ; on parvint à épargner à l'autorité défaillante un coup de désespoir dont les suites auraient été incalculables.

..Le duc d'Orléans, entouré de sa famille, nous offre une garantie de stabilité que nul autre ne présente; la princesse sa femme est également le modèle de son sexe et l'objet de l'amour respectueux de tous ceux qui la connaissent; sa fécondité est encore une faveur du ciel; nous lui devrons la sécurité du trône sur lequel elle s'asseoira à côté de son époux.

Un auteur a dit du duc de Chartres : « Il y a
» dans lui la réunion d'un physique charmant et
» des qualités les plus estimables; il est beau
» comme Louis XIV; il a son âme; il sera galant
» comme lui; mais il possède ce que d'infâmes
» ministres refusèrent à cet illustre roi, une édu-
» cation parfaite, une connaissance approfondie
» des droits et des devoirs de son rang. Le duc
» de Chartres sait que s'il est une des sommités
» de la nation, il doit donner l'exemple du bien
» et non du mal; que de graves obligations lui
» sont imposées, et qu'il y a plus à faire qu'à
» commander; qu'il faut se rendre vénérable,
» jeune ou vieux, et que, bourgeois ou prince,
» il faut être aimé de tous. Il me semble qu'il y

» a dans l'avenir de cette jeune grandeur quelque
» chose de tellement relevé, que plus que tout
» autre elle a eu besoin d'une éducation forte
» qui la maintienne dans la position que Dieu
» lui réserve peut-être, et que ses amis lui sou-
» haiteront toujours*. »

* *Voyage à Paris*, par le marquis Louis Rainier Lan-
franche, pages 338 et suiv.)

# CHAPITRE XIII.

La nuit du 27 au 28 juillet continua à être agitée; le bris des réverbères, commencé dès la veille, acheva ce soir-là de répandre dans tout Paris une obscurité profonde, inquiétante pour la troupe qui n'osa pas envoyer trop loin les patrouilles; elles n'eurent lieu que sur les quais, les boulevards et dans les rues principales.

Le ministère, qui se croyait vainqueur parce qu'on nous avait égorgés par son ordre, continuait à dicter les mesures désastreuses dont les conséquences retombèrent sur lui; il faisait bivouaquer les divers régimens sur les places du Carrousel, Vendôme, de Louis XV, dans les Tuileries, sur les ponts et les boulevards; partout des canons étaient placés en batterie; des artilleurs, mèche allumée, les accompagnaient; mais en même temps l'hésitation de la ligne suspendait l'attaque, on ne songeait plus à foudroyer partout le peuple, on se maintenait déjà dans les positions prises pendant la journée, tandis qu'il eût fallu les dépasser et occuper tout Paris.

C'était impossible, les régimens manquaient; cent mille hommes auraient eu de la peine à garder hostillement quatre-vingt-quatre lieues d'étendue des rues de Paris.

Le ministère se rassembla tard chez Polignac à son retour de Saint-Cloud dont il donna les nouvelles les plus satisfaisantes : le roi avait chassé avec beaucoup de gaîté, montré un heureux appétit à dîner, et maintenant il jouait au wisk, ayant le projet de faire le lendemain une chasse extraordinaire dans le bois de Fontainebleau. Madame, duchesse de Berry, recommandait au ministère de ne pas mollir, et, coûte qui coûte, d'arrêter le mouvement insurrectionnel de Paris. Monseigneur le dauphin était très-fâché de la conduite incertaine de la ligne; il se proposait de casser la plupart des officiers du 5$^{me}$, du 50$^{me}$ et du 53$^{me}$; mais en revanche, il ne tarissait pas d'éloges sur la garde, les lanciers et les Suisses; ceux-là auraient part aux récompenses, l'argent et les décorations ne manqueraient pas.

Polignac apprit en outre au conseil que le commandement suprême des troupes avait été confié au duc de Raguse, en sa qualité de gouverneur de Paris, que les pouvoirs les plus étendus lui étaient remis, et qu'il était investi du droit de placer la ville sous le régime militaire en la mettant en état de siége. Je raconterai plus loin ce qui s'était passé à ce sujet; maintenant je tiens à terminer les détails de la séance du conseil des ministres.

Le préfet de police y parut moins audacieux

que de coutume; frappé d'une crainte involontaire, il fit le rapport de la situation de la capitale, la montra prête à se porter aux derniers excès, et réclama des mesures promptes et décisives. Peyronnet parla dans le même sens; les autres ministres gardèrent le silence. Polignac dit alors :

« — Que tout commandait d'agir avec une vigueur inaccoutumée; que c'était trop long-temps supporter l'audace d'une population vile et méprisable, soulevée contre son souverain, le combat hideux de la férocité jacobine, de la débauche et de l'athéisme contre la majesté du trône et la sainteté de l'autel; que lui, Polignac, dans sa raison était très en rapport avec son inspiration intellectuelle sur ce point de terminer la lutte par un coup de foudre capable de renverser la révolution, sans lui laisser la possibilité de reprendre quelque avantage; que pour parvenir à ce but rien ne devait coûter, et que le sang à répandre n'était pas si noble qu'on dût le regretter tant. »

M. de Montbel se récria à ces derniers mots;

il dit : « — Nous avons pris une responsabilité bien grande, elle nous accablera peut-être; n'y joignons pas celle vers laquelle la marche des choses nous conduit. Les jours du dernier des Français doivent être précieux au roi non moins qu'à nous. Je m'oppose de tous mes moyens à des actes de rigueur dont la nécessité n'est pas démontrée, et je me refuserai à concourir à leur exécution. »

Polignac haussa les épaules, murmura les mots de tiédeur, de négligence pour le service royal. M. de Montbel répondit : « — Encore un peu, monsieur, et on verra qui sera le plus assidu à son devoir et le plus ferme soutien du monarque. » Peyronnet tâcha de concilier les diverses opinions, approuvant en partie le ministre des finances, et disant néanmoins qu'au point où les choses étaient, on ne pouvait plus faiblir sans tout perdre. Il fut donc résolu que l'on pousserait en avant, qu'aucune concession ne serait faite sans avoir au préalable vu les résultats de la journée du lendemain. Polignac ajouta : « — Quant à moi, messieurs, qui ai prié Dieu de m'inspirer ce que je dois faire dans cette circonstance, je vous apprendrai qu'après avoir demandé son avis au saint prince de Hohenlohe, je suis déterminé à suivre le chemin ouvert de dimanche dernier; j'ai la certitude qu'il conduit au salut de la monarchie et de la religion. »

*In secula seculorum, amen*, dut dire Peyronnet, qui intérieurement se riait de cette capucinade du sot président du conseil des ministres. Le conseil, avant de se séparer, convint que la réunion aurait lieu le lendemain aux Tuileries, comme point central, et puis d'ailleurs comme le quartier-général de *l'armée en campagne dans Paris*.

Chaque ministre partit escorté par un fort détachement de gendarmerie et de cavalerie, et parcourut des rues obscures et point silencieuses. On entendait dans le lointain le cri des factionnaires, les sifflets du peuple et le bruit occasioné par la construction des barricades qu'on élevait déjà dans plusieurs quartiers. Rien n'annonçait un découragement parmi le peuple, et tout au contraire manifestait son désir de poursuivre ce qu'il avait commencé de la veille.

Le peuple ne se reposait pas sur ses lauriers, et, sachant le roi incorrigible, il se préparait à lui enlever le dépôt de ses libertés. La durée de la nuit fut employée en courses réciproques les uns vers les autres, à se reconnaître et se rallier; toute querelle particulière fut oubliée, tout ressentiment expira; les amis s'aimèrent davantage, les ennemis se rapprochèrent : on décida de ne former qu'un seul faisceau dans l'intérêt de la cause nationale. On se munit d'armes improvisées; on se procura de la poudre, des balles, des munitions. Les riches payèrent de leur bourse et de leur personne; les pauvres montrèrent une magnanimité supérieure encore : ils sacrifièrent leurs faibles ressources, ils se procurèrent les fusils, les armes dont ils avaient besoin.

Des commissaires, sans aucun mandat que celui de leur patriotisme, parcouraient les quartiers, organisaient des compagnies régulières, liaient des confraternités citoyennes que le sang devait cimenter ; tous juraient de ne rentrer dans le calme de la vie privée qu'après avoir conquis et rétabli la liberté sur une base inébranlable. Ce langage était entendu de toutes les classes : il y avait unanimité.

Mais aucun chef ne se montrait, on ne songeait pas qu'il dût y en avoir; la haine de la tyrannie, le désir de chasser des Tuileries les maîtres sans vertus qui les habitaient, voilà les seuls chefs suprêmes que le peuple de Paris reconnut pendant ces deux mémorables journées. Il y avait bien quelques noms qu'on répétait tout bas; mais ces noms ne surgissaient pas encore; deux seuls étaient dans toutes les bouches, le premier donnait l'idée d'un gouvernement ferme et national, le second rappelait l'aurore brillante de la révolution : c'étaient S. A. R. le duc d'Orléans et le général Lafayette.

## CHAPITRE XIV.

Le parti furibond qui veut l'asservissement de la France ne garde dans sa rage ni mesure ni discrétion, il saisit la boue à pleines mains pour salir ceux qu'il déteste ; mais comme son bras vieilli n'a plus de force, et que sa maladresse est extrême, la boue n'arrive pas au but voulu, et le parti qui la jette en demeure seul souillé. Il est vraiment pénible pour tout esprit sage de lire chaque matin, dans deux feuilles héritières du père Duchêne, les horreurs que des écrivains dont la honte est payée à tant la ligne vomissent contre la vertu et les grands talens. Parmi ces rameurs de la galère ultramontaine, il n'y a ni considération pour la vieillesse ni respect pour aucun beau nom; ils sont comme la vipère, lâches et vils; ils infectent le tronc du laurier dont ils ne peuvent flétrir les branches. Je voudrais vous faire lire, en vous cachant le nom de l'objet de leur haine vénale, ce que débitent chaque jour la *Quotidienne* et la *Gazette* contre l'homme le plus probe qui existe; vous vous figureriez entendre tonner contre Robespierre ou Trestaillon; non, il s'agit de Lafayette. L'excès de cette infamie est ridicule, je le sais; mais parfois elle est indigne. Il est affreux qu'on la tolère; et que, de façon ou d'autre, on ne la punisse pas. M. de Lafayette a un grand tort: il est l'homme immobile de l'époque, le dieu ferme de la liberté et de la vertu. Ses opinions depuis cinquante-quatre ans n'ont pas varié, ni sa droiture fléchi; il reçut de la nature des idées justes, une magnanimité de héros; il aima le peuple lorsque les grands seigneurs n'en parlaient qu'avec mépris; il compta la nation pour quelque chose lorsque la cour prétendait être tout. Elevé dans les préjugés héréditaires de sa caste, il n'en conserva aucun; il préféra être Français plutôt que marquis, sa qualité de citoyen le toucha plus que son titre de gentilhomme. Il assura l'indépendance de l'Amérique; il frappa au cœur l'Angleterre, notre perpétuelle ennemie, à l'âge où ses compagnons vivaient avec des courtisanes, faisaient des dettes qu'ils ne payaient point, appelant cela vivre noblement; il était bon mari quand les mœurs autorisaient le libertinage parmi les époux.

Il méritait une gloire dont les rayons ont conservé tout leur éclat. L'Amérique le salua du nom de *libérateur*, et, plus de quarante ans après, elle lui a prouvé sa reconnaissance: elle l'a reçu, cette nation libre, comme en Europe on reçoit les souverains, avec la différence qu'ici les transports ont quelque chose d'officiel, que les acclamations y sont d'étiquette, et que l'hommage des villes est si bien forcé, que Louis XI et Henri IV ont été fêtés de même, et qu'on leur a parlé également de soumission et d'amour.

Là-bas, au contraire, on était libre d'accorder

ou de refuser les marques d'attachement et de respect ; rien ne fut commandé, tout partit du cœur et des souvenirs. C'était l'ami, l'hôte de tout un peuple ; on n'avait à lui parler que d'amitié et de gratitude, on était libre dans l'accueil. Aussi combien il fut sincère et admirable ! Quelle récompense valut jamais celle-là ? l'histoire ne présente pas un fait pareil, ni une manifestation d'un enthousiasme aussi pur, si dégagé de flatterie.

M. de Lafayette, dès la première assemblée des notables, épouvanta les courtisans : il leur tint un langage qui n'était pas le leur ; il montra des sentimens inconnus à l'œil-de-bœuf de Versailles ; et ceux qu'il fit rougir de leur bassesse ne lui pardonnèrent pas sa franchise sévère. La voix de la France entière le porta au commandement suprême de la garde nationale de toutes les provinces ; un ambitieux aurait tourné cette grandeur populaire au profit de ses intérêts, lui n'y vit que l'avantage commun, que l'honneur de veiller à la sûreté générale, et parce qu'il ne fut pas le duc de Guise de la ligue, ceux qui le haïssent doutèrent de sa capacité. On n'en accorde dans les révolutions qu'à ceux qui se soulèvent, et point à ceux qui conservent.

M. de Lafayette demeura pur ; il fut ce qu'il devait être, l'homme de confiance de la nation, qu'il ne trahit point, et pour laquelle il ne renversa pas la monarchie.

L'injustice des reproches amers qu'on lui adresse sur son repos pendant la nuit du 5 au 6 octobre 1789 est prouvée; il fit en cette circonstance tout ce que la sagesse humaine peut faire, et s'il céda forcément au besoin impérieux de la nature, il ne fut pas le seul qui dormit dans cette nuit fatale. Quelqu'un, bien autrement auguste, goûta un si profond sommeil, qu'il ne sut que le lendemain à son reveil, et bien avant dans la journée, le péril que sa famille avait couru.

M. de Lafayette connut la fuite du roi et la favorisa de tout son pouvoir. Si le roi fut arrêté, à qui la faute? A personne, pas même à Drouet, mais au roi lui-même, à sa funeste manie du bien-être, à son indécision, à ses retards, à son défaut de prudence, à son manque d'énergie. Il ne sut, pendant toute la route, qu'être un voyageur qui sait jouir de toutes ses aises, lorsqu'il aurait fallu être un monarque qui se sauve, et qui doit s'affranchir à tout prix des obstacles qu'on lui oppose. Ceci résulte de toutes les pièces écrites sur cette catastrophe. Qui, plus tard, tenta de sauver Louis XVI? qui entreprit de conduire une armée à son secours? Ce fut l'homme que maintenant on outrage. Il fit preuve de dévouement et d'amour lorsque la France était vide de défenseurs de Louis XVI. Lorsque l'émigration, sous prétexte de sauver la monarchie, avait complétement abandonné le monarque, les défenseurs du trône ne manquaient pas; le seul Lafayette se montra le défenseur de celui qui l'occupait. Ainsi, singulière destinée! les éloges sont pour ceux qui cherchèrent la France où elle n'était pas, le blâme et les injures pour celui qui se montra Français, et qui combattit en France pour le roi; et pourtant, dans les maximes que professent ceux qui le dénigrent, où est le roi, là aussi est la France. La générosité de cet effort fut inutile, M. de Lafayette dut fuir ; on lui devait des éloges, on le jeta dans les fers. L'Autriche, qui hait toute grandeur exempte de servilité, se chargea de satisfaire la haine de ceux que toute vertu civile importune. Elle pesa sur un homme de bien qu'elle rendit en tremblant à la volonté d'un héros qu'elle redoutait.

M. de Lafayette rentra en France au 18 brumaire. Bonaparte comptait en faire un de ses partisans ; il ne put en obtenir que de la reconnaissance. Il lui offrit des titres, des honneurs pour le décider à se montrer son sujet. M. de Lafayette s'opiniâtra à n'être que Français, il refusa d'être courtisan, même d'un grand homme. Celui qui avait paru à la tête de tous les citoyens, et par leur volonté libre et spontanée, rentra dans la retraite. Cincinnatus, en lui, reprit la charrue. Il formait des vœux pour l'indépendance de la patrie, et néanmoins il ne conspira pas en sa faveur. La vie du libérateur de l'Amérique est toute en dehors ; il est de ces gens qui ne savent qu'être vertueux, dût-on ne pas les prendre pour habiles.

La restauration ramena la famille royale; la liberté parut en France pour la première fois à la suite de Louis XVIII, la liberté sage et fondée sur un pacte non équivoque; M. de Lafayette la reconnut, et consentit à se placer parmi ceux qui aideraient à la consolider. Il la salua avec cette joie qui fit tant palpiter son cœur quand autrefois il en avait vu briller l'aurore. Mais cette liberté déplaisait à ceux qui trouvent du profit à être esclaves; ils s'indignèrent de lui voir un tel défenseur, et dès ce moment il plut un déluge d'outrages, de clabauderies, d'épigrammes de harpies, de scélératesses sans mesure sur l'homme sans tache, sur celui dont les paroles furent toujours les mêmes et dont la conduite n'a jamais varié. Les jacobins, devenus des Marat blancs, s'unirent dans cette rage à ces fuyards de périls qui allèrent chercher un lieu sûr pour y faire montre de courage, tandis que Louis XVI était dans les Tuileries.

L'amour que la France témoigne à celui qui

ne rêva que son bonheur; ces triomphes publics d'un simple particulier, ces populations saluant de leurs *vivat* non ordonnés, celui qui autrefois leur commandait dans l'intérêt de la chose publique, sont des griefs énormes qui servent de base à des accusations extravagantes et à des fureurs dont l'atrocité n'est pas effacée par le ridicule.

## CHAPITRE XV.

Les membres patriotes de la garde nationale de Paris ne voulurent pas demeurer en arrière du mouvement général; ils décidèrent, dans le silence de la nuit, que le lendemain ils se reconstitueraient par le seul effet de leur volonté, qu'ils se rendraient à leurs mairies respectives, d'où ils aideraient à la résistance que la jeunesse belliqueuse préparait de toutes parts. Les femmes de Paris se placèrent au dessus des femmes de l'antique Lacédémone par la manière avec laquelle la plupart accédèrent aux désirs de leurs époux ou de leurs fils; ce fut dans les familles une émulation touchante d'héroïsme, et ici l'enthousiasme était pur et dégagé de toute fureur; mais quoique calme il n'en était pas moins énergique. Ce n'était plus sans doute le fanatisme de 1789, c'était un amour raisonné de la liberté, un besoin de rester indépendant, une réflexion profonde, une détermination positive de vaincre ou de périr; on allait au combat à pas lents, et on voulait en revenir de même. La raison avait dit au cœur : c'est pour le coup qu'il faut vaincre ou périr.

Ce fut une grande pensée que la recomposition instantanée de cette garde nationale qui avait laissé de si glorieux souvenirs; noble armée de citoyens, où des pères de famille, des chefs d'atelier légitimaient les efforts de leurs fils, de leurs subordonnés. Il y avait impossibilité, à la tyrannie lâche, de résister à ce mouvement généreux, elle devait être vaincue, elle le fut.

De temps en temps, au milieu des ténèbres, partaient des coups de fusil isolés que des citoyens ardens tiraient sur les postes avancés de la troupe, ou que les pelotons de celle-ci adressaient aux habitans paisibles qui regagnaient leurs maisons. Partout la guerre éclatait, la guerre avec toutes ses horreurs, non point en plate campagne, où, en peu d'heures, une grande bataille livrée est gagnée ou perdue, mais dans l'enceinte d'une ville immense, toujours sur un terrain étroit où la science militaire ne pouvait déployer ses combinaisons savantes, où chaque demeure du citoyen devenait une forteresse qu'il fallait emporter d'assaut et avec perte d'hommes. Sans cesse auraient lieu de nouveaux combats, car, d'un côté la résistance serait permanente, et de l'autre le despotisme commanderait sans relâche de nouveaux efforts. Quelle scènes auraient lieu au jour renaissant, et quelle querelle importante allait être vidée! ce serait un duel à mort entre le monarque et ses sujets.

En attendant de raconter les événemens de ces immortelles journées, je reviens sur mes pas pour placer à peu près dans son lieu ce qui s'était passé lorsque la cour prit la résolution de charger le duc de Raguse du commandement suprême et de la direction des affaires.

Malgré les assurances de Polignac et de Peyronnet, il y avait dans Charles X un instinct caché qui lui faisait redouter le mauvais effet que produiraient les ordonnances à leur apparitions; le dauphin non plus n'était pas sans inquiétude, et par une sorte de prévision bien singulière en des têtes aussi faibles, ils voulurent à l'avance faire choix d'un officier de haut grade qui pût diriger les troupes et avoir des certitudes de succès.

Le roi en parla au chef du conseil; celui-ci, surpris d'une idée qui ne lui était pas venue, demanda à quoi cela servirait.

« — Mais s'ils se révoltent. »

« — Eh bien, Sire, avec des fusils et de la poudre on les rappellera à leur devoir. »

« — Mon Dieu, je sais bien que c'est la chose

la plus simple et la plus légitime; cependant ces misérables peuvent avoir des militaires qui les dirigent dans leur insurrection; il me semble qu'il serait bon d'opposer à ceux-là un gentilhomme habile, chéri de nous tous, et ayant une certaine réputation, afin que mon armée prenne confiance en lui; et marche certaine de la victoire. »

« — C'est bien facile, reprit Polignac; puisque cela vous plaît, Sire, nous avons cent hommes de qualité très-aptes à cela; choisissez. »

On va au choix, et la force des choses est telle que ni le roi ni son cher fils ( ce n'est pas du dauphin que je parle) ne peuvent trouver, parmi leurs courtisans, un bras assez valeureux, une capacité assez prouvée pour mettre à la tête de leur coup de main. Ils reconnurent eux-mêmes l'impossibilité de se servir avec avantage de ces nullités titrées, bien qu'on épuisât la liste de tous les lieutenans-généraux. On n'osa pas même employer le marquis de Clermont-Tonnerre ou le baron de Damas; ce fut alors que des regrets amers éclatèrent sur la mort du maréchal prince de Hohenlohe.

Force il y eut aux deux quêteurs de se rabattre sur les gens de la révolution, sur cette *canaille parvenue*, ainsi que l'on désignait toujours, dans l'intérieur du château, les héros, les administrateurs, les diplomates de la république et de l'empire. On proposa, on écarta tour à tour les maréchaux Moncey, Oudinot, Soult, celui-ci à cause que sa dévotion n'était pas bien constatée.

« — Mais, dit le roi, pourquoi ne pas prendre Marmont ? C'est un homme tout à nous, qui est fâché de n'avoir pu aller en Alger rétablir ses dettes, qui abhorre les Parisiens ; je présume qu'il en rendra bon compte. D'ailleurs il est de service et de plus gouverneur de Paris, enfin sa conduite en 1814 nous répond de sa loyauté. »

« — Va donc, Sire, pour Marmont, répliqua Polignac. Il est certain que si celui-là ne va pas franchement nous ne pouvons compter sur aucun militaire.

Cela convenu, on dépêcha M. de D...., officier supérieur aux gardes du corps, fort avant dans les bonnes grâces du premier ministre, et qu'il employait souvent à toutes sortes de missions secrètes; on le charge de faire venir Marmont tout de suite, et voilà Marmont en face de Polignac.

Marmont, habile capitaine non moins qu'administrateur supérieur, aurait parcouru sans doute une carrière honorable sans son amour immodéré du faste et des folles prodigalités; il avait les mains royales, jetant l'argent au lieu de le donner, ne sachant pas le compter surtout, et par conséquent en manquant sans cesse. Toujours nécessiteux, toujours réduit aux emprunts, aux expédiens, noyé dans un déluge de dettes, il lui fallait sans cesse des ressources nouvelles, et rien ne lui coûttai pour en trouver. Napoléon, qui se connaissait en hommes et en souverains, exprimait par un mot la dissipation effroyable de ce militaire en le qualifiant de Marmont I$^{er}$.

Le vice qui entraîne à tant d'actions honteuses, à des crimes même, fut la cause de la défection en 1814 du duc de Raguse; non que je lui reproche la capitulation de Paris, que la circonstance commandait impérieusement, mais bien son traité avec les ennemis lorsqu'il livra pour une somme d'argent énorme, et cent mille francs de rentes viagères que lui firent l'Autriche et la Russie, le corps d'armée sous ses ordres à Versailles. Depuis cette trahison manifeste, repoussé par la gloire, par la France, et plus tard flétri irrévocablement par les paroles foudroyantes de Napoléon, il dut se rallier de toute nécessité à la cour des Bourbons, et se donner à elle corps et âme, ainsi que déjà il lui avait vendu son honneur.

Cependant, dans cette position nouvelle, il n'était ni heureux ni tranquille. Bourrelé par les remords, accablé sous le poids de la haine publique, traité en *canaille parvenue* par les amis du jour, criblé de dettes, avili par des procès scandaleux, il traînait avec désespoir son existence empoisonnée par le souvenir du passé et les traces du présent. Il avait souhaité avec ardeur le commandement de l'expédition d'Alger, dans l'espérance de refaire sa fortune et de réhabiliter sa gloire; mais une trahison et une misère plus récente et *plus noble* l'emporta sans trop de combats. Bourmont fut choisi pour décider du succès de l'entreprise; Raguse reçut seulement la promesse d'aller à son tour s'enrichir de la dépouille des Africains lorsque le premier appétit du ministre de la guerre aurait été calmé.

Il était de très-mauvaise humeur de ce passe-droit, et de ce qu'il y avait une perfidie mieux prisée que la sienne, lorsque Polignac le fit appeler vers le 20 juillet pour lui apprendre le choix que le roi faisait de lui.

Marmont a de l'esprit, ses fautes sont volontaires; il vit d'un coup d'œil tout le désagrément de la mission qui lui était offerte, et se défendit de l'accepter. Ce refus contraria la superbe de Polignac, qui lui dit avec aigreur: «— Le moment est venu, monsieur le maréchal, de servir le roi pour lui et non pour soi, de sacrifier tout pour l'obliger et pour affermir sa couronne. Ceux qui ne mettront pas la main à l'ouvrage n'auront plus rien à attendre de lui ; on va jouer dans la faveur le tout pour le tout. »

La déclaration était formelle, Raguse balança et demanda un jour afin de se décider. Le dauphin fut instruit une heure après par Polignac de l'hésitation du maréchal ; aussi, dès qu'il le vit, il l'appela, le prit à l'écart, et se plaignit à lui de ce qu'il balançait à servir la cause monarchique. Raguse, en retour, lui donna ses raisons, se flattant de les faire comprendre au prince ; mais ce dernier, tout entier perdu dans l'égoïsme royal, ne vit là que des défaites.

« — On vous haïra davantage dans le public, prétendez-vous, dit-il, qu'importe ? notre bienveillance vous en dédommagera. Est-ce que vous vivez avec les libéraux, avec les boutiquiers ? c'est avec nous, je pense. Vous aurez notre estime, leur mépris ne vous atteindra point. »

Raguse se taisait. Le dauphin se fâcha, lui dit

des mots désagréables, et termina par lui mettre le marché en main : agir ou la disgrâce. Le roi vint par là-dessus ; il cajola le maréchal, le fit jouer avec lui ; bref, un peu d'argent lui fut avancé ; et pour trente deniers de la monnaie de la banque française, ce nouveau Judas se décida à une autre perfidie. Ce ne fut pas néanmoins sans une douleur amère qu'il se rendit. Je tiens d'une personne digne de foi, et à laquelle il racontait ce que je viens d'écrire, qu'il accompagna son récit de larmes et de contorsions, en s'écriant :

« — Que je suis malheureux ! je vais achever de me rendre exécrable. Mais le moyen d'abandonner la cour sans tomber dans la pauvreté la plus complète ! j'appartiens par ma première faute à des gens que je ne puis souffrir, il faut poursuivre ma funeste destinée. »

Au reste, Raguse, ni aucun du château, ne s'attendait à une résistance pareille à celle qui nous a sauvés ; il se flattait, lui personnellement, que des charges de gendarmerie, que des courses de troupes dans les rues seraient suffisantes ; que lui surtout, n'ayant pas nécessité de paraître, le blâme s'arrêterait au général commandant la division ; il s'en berçait, et répéta plusieurs fois à la même personne :

« — Je me tiendrai à l'écart tant que je pourrai ; on ne verra dans Paris ni moi ni ma signature. Je ferai marcher tous ceux qui seront sous mes ordres avant de mettre le nez hors ma porte. »

Rêves dont il se berçait en dernière ressource, et qui ne tardèrent pas à se dissiper, pour le laisser en présence d'une affreuse réalité. Les récompenses lui furent promises en nombre : d'abord, le gouvernement d'Alger cumulé avec celui de Paris ; puis, la direction de la première guerre qui aurait lieu ; enfin, M. de Polignac lui promit le portefeuille qu'il tenait pendant l'absence de Bourmont, si une quatrième expédition militaire se faisait trop attendre. Ceci le consola quelque peu.

Polignac, qui malgré son amour-propre se

sentait incapable de manier une épée, se crut certain de réussir dans sa grande tentative, dès qu'il s'appuierait sur celle de Marmont. Le choix de ce général, pour diriger en cas de besoin la guerre civile, lui donna une audace nouvelle, enfla son courage, et acheva de le faire déraisonner; aucune sagesse humaine n'aurait pu le détourner de la route périlleuse dans laquelle il entrait. Une de ses monomanies était de se figurer en commerce intime avec le ciel, et, par conséquent, de recevoir de celui-ci, au moyen d'inspirations soudaines, la règle de conduite qu'il devait tenir; il ne taisait à aucun la connaissance de ce secours extraordinaire; Charles X en était dans l'admiration.

« — Jules est un saint, disait-il à ceux de son intérieur, Dieu lui parle comme je vous parle. C'est une grande faveur que la providence nous accorde; par ce concours, nous battrons les libéraux. »

Or, puisque Polignac avait le Saint-Esprit pour directeur des affaires terrestres, on doit croire avec quel mépris il recevait les avis des sages d'ici-bas. Une lettre lui fut écrite dans la nuit du 27 au 28 par quelqu'un qui, sans être royaliste, ne trouvait pas bon que tant de sang fût répandu; elle lui parvint le matin à sept heures. Je vais la rapporter, son auteur me l'ayant donnée en communication.

« Prince, on vous trompe; vous ignorez ce
» qui se passe et la disposition des esprits. Vous
» vous figurez le Parisien déjà las; apprenez que
» ses forces croissent avec le sentiment qu'il a de
» la faiblesse des moyens qu'on lui oppose; il
» sait, à dix hommes près, le nombre des troupes
» disponibles. Il est certain de les vaincre, rien
» seulement qu'à les fatiguer. La garde nationale
» agira demain; sa présence procurera aux ci-
» toyens, une force morale immense; soixante
» mille hommes avant dix heures rempliront les
» rues. Un échec vous sera funeste: ayez peur
» pour le roi.

» Je sais que M. de Lafayette, dont le nom
» tout populaire soulèvera des masses énormes,

» a promis de se montrer à la première chance de
» succès. On parle du général Gérard, du duc de
» Broglie et de quelques autres; on affirme que
» le duc d'Orléans n'hésitera pas à se ranger du
» côté du peuple, si on pousse à bout celui-ci.

» Il ne faut pas perdre une minute; que le roi
» rapporte les ordonnances, qu'il change son
» conseil; c'est un sacrifice auquel votre amour
» pour lui doit se résoudre; mais que ce conseil
» ne soit pas composé de vos amis, de vos créa-
» tures, ni même de gens de la cour; il faut le
» prendre tout entier dans la majorité constitu-
» tionnelle.

» Les questions les plus dangereuses sont agi-
» tées. On parle de forcer le roi à abdiquer; on
» repousse le dauphin; à peine si on voudrait du
» duc de Bordeaux. Vous voyez par là l'immi-
» nence du péril, il sera extrême pendant cette
» journée; si vous ne triomphez complétement,
» une chute affreuse est certaine. La ligne ne se
» battra aucunement, la cavalerie sera arrêtée
» par les barricades, ainsi que l'artillerie; et la

» guerre de votre part, qui, pour produire un
» résultat avantageux, devrait être offensive,
» sera pendant le cours de cette journée réduite à
» la défense ; dès lors ne comptez plus sur rien.

» Je vous le répète, plus de retard ; ou vous,
» le monarque, et peut-être la monarchie, n'exis-
» terez plus à la nuit prochaine.

» Je suis, etc.
» A.... DE R.... »

Polignac prit cette lettre prophétique, cette dernière ancre de salut, pour une mystification et une ruse de ses adversaires ; il la chiffonna, la jeta sous son bureau, où elle a été retrouvée, et il dit à un de ses affidés :

« — Les libéraux tâchent de me surprendre de toutes manières, sans se douter que Dieu veille sur moi, et que je n'agis que d'après ce que lui-même veut me dicter. »

Ce propos parut un commencement de folie à celui qui l'entendit ; il lui aurait paru la fin de cette démence, si lui-même alors avait bien examiné la position de Paris, celle du ministère et du monarque; mais dans ces fatales journées, ce Dieu que des imbéciles se donnaient pour conseiller les aveuglait au contraire, afin de décider leur perte, qui entrait dans ses décrets éternels.

## CHAPITRE XVI.

L'AUTEUR de la lettre que j'ai rapportée au chapitre précédent avait raison de dire à Polignac que le moindre retard renverserait de fond en comble l'édifice de la restauration. Je ne sais même si, dès le mercredi matin, il était possible de prévenir le bouleversement annoncé; ce ne pouvait plus être pour traiter avec une puissance parjure que le peuple en armes descendait dans les rues, et s'arrachait au point du jour d'un repos agité.

Dès quatre heures du matin, tous les lieux

publics, ainsi que les quais, boulevards et rues furent remplis d'une foule immense qui parlait d'exterminer les ennemis de ses libertés. La nuit, loin d'assoupir la colère, en avait augmenté la vivacité ; on ne voulait plus se trouver en présence d'une royauté usurpatrice, et sa chute était décidée dans le cœur des citoyens. Une preuve éclatante en fut donnée instantanément dans tous les divers quartiers : les marchands qui avaient orné la façade de leurs magasins des armes du roi, des princes et princesses, qui avaient payé cher le droit de s'intituler ouvriers ou fournisseurs des membres de la famille royale, se hâtèrent de détacher des panneaux les écussons dont on ne voulait pas, et de les lancer dans les ruisseaux. Bientôt le peuple ordonna à chaque cocher qui passait de conduire les roues de sa voiture sur ces insignes dégradés.

Chaque fois qu'un écusson tombait, de grands cris, des applaudissemens se faisaient entendre; mais il n'y avait là ni fureur ni menace, on était tous d'accord, et les passans et les propriétaires, et c'était en famille que l'on renonçait franchement à la royauté de Charles X. J'ai vu la foule se précipiter et battre un jeune homme qui emportait le panonceau de cuivre doré de l'enseigne d'un notaire ; on rendit à chaque personne le métal fracassé, et cela avec un soin religieux.

Cependant, dans les diverses parties de la ville, les colonnes des citoyens se mettaient en mouvement ; les gardes nationaux se rendaient à leur mairie respective, salués par les acclamations du peuple. Les cœurs étaient vivement émus à la vue de ces hommes de paix qui ne balançaient pas à quitter leurs affaires, leur famille, à tout compromettre pour assurer le bonheur public ; simples dans leur dévouement sublime, ils ne s'arrêtaient pas aux périls de l'entreprise, ils prenaient pour devoir de poser des bornes à la tyrannie sanglante qui pesait sur eux.

Le triomphe de la bonne cause est dû à cette résolution spontanée de la garde civique ; sa présence a doublé le courage de nos jeunes et braves défenseurs, qui se sont crus invincibles et appuyés sur le bon droit en voyant à leur tête les bourgeois, les manufacturiers, les commerçans dont ils tenaient leur existence, ou dont ils respectaient la position.

Partout où passaient les détachemens de la garde nationale la joie se manifestait; on plaçait en elle l'espoir de la victoire et du maintien de la tranquillité. Habillés en uniforme ou non, armés militairement, à la manière des corps irréguliers, ceux qui se présentaient en défenseurs du peuple étaient bien reçus; une confraternité touchante s'établissait entre des hommes qui ne s'étaient jamais vus. Ils possédaient tous la même pensée, la même haine, le même amour; ils allaient sauver la patrie, écraser le despotisme, ne devaient-ils pas être unis?

De jeunes ouvriers, si généreux, si admirables dans leur loyal dévouement, se rapprochaient de la jeunesse bien élevée de leur âge, et préféraient combattre avec elle. Celle-ci, non moins résolue, accueillait ces nouveaux compagnons improvisés en amis, en frères tendres et dévoués. Ah! qui n'a pas assisté à ce spectacle si touchant, qui n'a pas été témoin de cette union patriotique, ne la concevra jamais; il n'a existé dans l'histoire d'aucun peuple rien de pareil. Ce n'étaient plus les habitans d'une ville immense, étrangers les uns aux autres, qui se rencontraient sans dessein; c'étaient les enfans d'une même famille qui se réunissaient en masse, qui allaient se défendre, se secourir, se venger les uns et les autres. Il n'existait là aucune différence de fortune ou de rang, de talent ou d'éducation. La raillerie, le sot orgueil, la vanité de l'ignorance, la susceptibilité des petits, avaient disparu. Je suis toi, tu es moi, voilà ce que nous disions, ce que nous pensions, ce que nous exécutions durant les journées mémorables; on faisait des prodiges de valeur, on déployait une intrépidité sublime pour arracher un inconnu d'un péril pressant, ou pour lui prodiguer les soins les plus affectueux quand il était blessé; il y avait en cela quelque chose de simple, de patriarcal, de céleste, qui dépose avec trop d'éclat en faveur des progrès des lumières pour ne pas aider au triomphe de celles-là.

C'était donc avec de tels élémens de victoire que la lutte s'engageait; car où se trouve la vertu, le succès est presque infaillible : c'était avec ce concours de toutes les volontés que l'on marchait à la punition des coupables. Un peuple entier, sans dissentiment, savait qu'il n'aurait à combattre que la troupe, et non d'autres citoyens ; aucun de ces royalistes si dévoués en paroles, si décidés à mourir *pour la sainte cause de sa majesté*, ne venait se joindre à la ligue. Ces flatteurs, ces parasites, ces affamés de haut et de bas étage, où étaient-ils? Même dès le premier jour, quand la garde royale, le reste des cohortes non encore entamées, poussaient déjà les acclamations du succès, nous ne les rencontrâmes nulle part, ni aux attaques des portes Saint-Martin et Saint-Denis, ni à celles si meurtrières de l'Hôtel-de-Ville, ni à la place des Victoires, à celle du Palais-Royal, ni au Louvre, ni aux Tuileries enfin.

Il faut apprendre à la France que pendant ces

jours sanglans il n'y a eu aucun royaliste dans Paris, car il n'y a pas eu un seul bourgeois, un seul chapeau rond qui se soit rallié au duc de Raguse. Ils se vantaient pourtant la veille encore qu'ils monteraient à cheval comme leur roi, qu'ils paraîtraient le fusil au bras à l'appel de la monarchie; mais, attendu que leur roi ne s'est pas montré, ils ont aussi imité son exemple. Qu'une honte éternelle les flétrisse, eux qui ont encouragé le roi par leurs clameurs fanfaronnes; qui lui ont juré de vaincre pour lui, et qui déjà se préparent, en passant dans nos rangs, à être les premiers à cueillir le fruit de notre victoire.

Vers huit heures du matin un combat général s'engagea dans toutes les parties de la ville que les royaux occupaient. Il sera presque impossible de décrire avec quelque ordre les diverses attaques qui eurent lieu. Je vais tâcher cependant de le faire, en commençant par celles des boulevards, venant après à celles de la rive gauche de la Seine, et gardant le centre, la Grève, le Palais-Royal, la place des Victoires et le Louvre pour la fin.

Le mouvement de la population commença dans le faubourg Saint-Antoine dès le 27 avec une vivacité digne de ce quartier valeureux; là, peut-être, parut le premier drapeau tricolore qui annonça à la nation l'ère de sa délivrance; autour de lui se réunit l'élite du faubourg, en jeunesse, en hommes faits, en anciens soldats, en gardes nationaux. On leur opposa les cuirassiers de la garde royale, qui, accourant au galop de charge, rencontrèrent nos défenseurs occupant le haut de la rue Saint-Antoine et de celles auprès. Les cavaliers se hâtent de fondre sur des adversaires qu'ils méprisent; les nôtres alors se retranchent sur les marches du temple des protestans, et aux environs une fusillade bien nourrie les oblige à la retraite. Mais celle-ci n'est plus dans Paris une fuite..... ils se rallient plus loin. Le vaillant porte-drapeau, demeuré seul, s'avance au milieu de la rue, et par un de ces dévouemens qui surpassent ceux des temps antiques, il plante en terre la bannière aux trois couleurs et demeure immobile auprès d'elle; les cuirassiers arrivent sur lui; tant d'héroïme ne les émeut point, ils fondent à coups de sabre sur le porte-drapeau, lui arrachent la vie, et prennent un affreux plaisir à faire fouler son cadavre sous les pieds de leurs chevaux!!! Ainsi mourut le premier martyr de la nouvelle liberté; puisse son nom être connu et inscrit sur le bronze, afin de recevoir les regrets de l'âge présent et l'hommage de la postérité!

Un combat acharné eut lieu en face des maisons nos 79 et 90 de la rue Saint-Antoine; des ouvriers du faubourg, qui s'y étaient retranchés, en formaient comme une citadelle, d'où ils firent un feu constant, accompagné de chute de projectiles de toutes sortes, qu'ils jetèrent sur l'ennemi en même temps que d'autres Français, postés dans les rues adjacentes, mettaient hors de combat un grand nombre d'ennemis. Plusieurs gardes royaux, un officier mordirent la poussière; mais, là aussi, après la victoire les faubouriens se montrèrent généreux: ils arrachèrent à la mort, sous la conduite de M. Bardol, ancien officier décoré, des blessés et des prisonniers royaux que quelques hommes, exaspérés par la mort de leurs amis, voulaient immoler sur la place.

Tout auprès, et dans la maison n° 75, un obus tomba par la cheminée ; on put l'éteindre avant qu'il eût éclaté, et on le suspendit sur-le-champ à la hauteur des fenêtres du troisième étage, avec cette inscription que surmonte un drapeau tricolore :

*Charles X au peuple.*

L'attaque n'eut pas lieu avec moins d'acharnement sur le boulevard du Temple, où l'ennemi avait porté des forces considérables, cavalerie, infanterie, artillerie ; ils employaient des moyens formidables, qui eussent été couronnés de succès si on les eût opposés à des troupes de ligne, et non à l'enthousiasme des citoyens, qui ne se battaient pas pour plaire à un maître, mais pour, au contraire, chasser le leur. Je laisse ici parler un témoin oculaire ; j'insère sa lettre écrite sous l'inspiration du moment ; elle fera passer dans l'âme de ceux qui en prendront connaissance les sentimens dont nous étions alors tous animés

Paris, 31 juillet.

« Monsieur,

» Témoin oculaire de tant de faits héroïques durant les journées à jamais mémorables des 27, 28 et 29 juillet, il en est un qui ne peut échapper à ma mémoire, et auquel les colonnes de votre estimable journal feront droit, j'en suis certain.

» Ma curiosité comme ancien militaire me fit courir vers les différens points d'attaque où les massacres avaient lieu ; aider de mes conseils cette multitude de jeunes gens aussi intrépides que courageux, était là tout le rôle que je pouvais jouer, étant *privé d'un bras que j'ai oublié à Waterloo.*

» Le 28, entre onze heures et midi, je me trouvais au carré de la Porte-Saint-Martin, où j'avais examiné les positions de ce lâche ennemi ; vous ne trouverez pas l'expression déplacée, j'en suis convaincu.

» 1° L'infanterie de la gendarmerie était en bataille dans la rue du Faubourg-Saint-Martin, se tenant près de sa caserne; la cavalerie de même arme était derrière.

2° Les cuirassiers se faisaient voir dans le même ordre sur le boulevard, près le théâtre de la Porte-Saint-Martin, d'où il s'ensuivait qu'une charge allait être exécutée alors qu'une poignée d'hommes se seraient montrés sur le boulevard.

» Je ne quittai pas le carré, voyant arriver une faible colonne qui descendait cette rue vers le boulevard; ils étaient cent cinquante hommes environ, très-mal armés, et ayant à peine chacun quatre cartouches, d'après ce que me dit leur chef, qui était un tout jeune homme. Du reste, lui et les siens étaient intrépides, et vous allez mieux le juger. Je crus de mon devoir, et d'après ma vieille expérience et les remarques que j'avais faites de la position de nos deux ennemis, les gendarmes et les cuirassiers, d'engager le chef à faire halte et à attendre du renfort avant de se porter au boulevard.

»Après avoir écouté mes instructions, il me remercia, lui et les siens, de ce que j'avais bien voulu leur dire. Je ne faisais que mon devoir, et voulais leur éviter à tous une mort certaine. Ils étaient partis, lorsque je les rencontrai, pour aller sur la gendarmerie, et ignoraient la position des cuirassiers. Le chef, pour ce qui était de ne plus attaquer la gendarmerie, m'écouta; mais pour attendre du renfort, il ne le voulut pas.

»Il ne tint aucun compte du danger imminent que lui et les siens couraient, en précipitant avec aussi peu de forces sa marche au boulevard; il me répondit : « Comme vous, nous braverons la mort pour la liberté. »

»C'est en me répondant ainsi qu'il se remit à la tête de ses hommes, qui tous étaient des ouvriers, et ordonna au tambour de battre la charge, en criant: « La mort ou la liberté. »

» Je ne pus me contenir et ne voulus plus le quitter. Il vint à moi voyant que je le suivais. « Vous avez, dit-il, quittance de la patrie. Vous êtes un brave; vous avez eu votre tour à verser votre sang pour elle, c'est le nôtre aujourd'hui. Ne nous ôtez pas cette satisfaction; le faire couler pour une aussi belle cause ou mourir ici, c'est vivre éternellement. » Force me fut de rétrograder...

» Il arriva au boulevard avec sa colonne, la fit mettre en bataille, faisant face aux cuirassiers, commanda de croiser la baïonnette, se mit à la tête, et fondit au pas de charge sur ces derniers, qui firent feu sans quitter leur position, ce qui causa la mort de plusieurs de ces braves. Après leur feu, les cuirassiers exécutèrent une charge qui n'eut pas grand succès. Cette faible colonne, je dis faible à cause du nombre, ne fut ébranlée que légèrement. Le courage et l'intrépidité qu'elle déploya la firent bientôt triompher du nombre, et à leur tour, ces braves tuèrent et blessèrent, le tout à l'arme blanche, bon nombre des opposans; d'autres, voyant une mort certaine, se rendirent. C'est alors que le chef de cette petite armée et une partie de ce qui lui en restait montèrent les chevaux délaissés, et repoussèrent ainsi le reste de ce régiment jusqu'au quai des Célestins.

»De part et d'autre, il y eut bon nombre de tués et de blessés. Les cuirassiers en eussent eu davantage si, comme eux, les braves avaient été inhumains.

»Tout ceci fut fait dans un clin d'œil. Alors je m'approchai et désirai connaître le nom du jeune homme qui commandait. J'eus son nom et sa demeure, qui me furent donnés par l'un des combattans qui étaient sous ses ordres. Il se nomme Augustin Thomas, manufacturier en tissus de crins pour meubles, rue des Vinaigriers, n° 28, faubourg Saint-Martin. Il occupe, d'après les vastes ateliers que j'ai remarqués, bon nombre d'ouvriers qui, pour la plupart, ont suivi son exemple.

» Agréez, etc.

» Dubourg, *ancien capitaine.* »

Pendant que les braves combattaient ainsi sur

ce, point et que la mitraille des canons ennemis pleuvait de toutes parts, les citoyens, insensibles à un danger permanent, élevaient une redoute solide et importante à l'extrémité de la rue Sainte-Appoline. Ceux que les balles tuaient ou blessaient, étaient remplacés par de non moins zélés, que leurs malheurs n'épouvantaient pas.

Les chefs de la maison de roulage, faubourg Saint-Martin, n° 40, MM. Levainville et Fascie, suivis de leurs commis et des personnes attachées à leur établissement, après avoir coopéré à une charge audacieuse faite auprès de la porte St-Martin, sur un régiment de cavalerie de la garde, rentrèrent dans leurs maisons, non pour se reposer, mais pour continuer de servir utilement la cause commune. Approvisionnés d'une énorme quantité de pierres, et armés sur leur balcon, ils tinrent en échec, pendant tout le temps de la fusillade, la gendarmerie à pied et à cheval de la caserne Saint-Martin, qui n'osa ni faire feu, ni dépasser cette maison, devenue une forteresse respectable. Cette diversion utile assura la victoire sur cette partie du champ de bataille.

L'effort était pareil à la porte Saint-Denis, où la garde royale attaquait avec une férocité inaccoutumée; on la repoussait avec vigueur, et, dans cette mêlée, un ouvrier posté sous le passage de l'Industrie ne cessa de tirer sur les soldats et en renversa plusieurs. Son courage et son sang-froid étonnèrent ceux qui étaient à ses côtés. Les balles qui pleuvaient à l'entour, semblaient respecter tant d'énergie. Il y eut là plusieurs morts et un grand nombre de blessés; mais là encore, comme ailleurs, la victoire demeura à la bonne cause, bien que la garde fît tous ses efforts pour se maintenir, bien qu'elle se retranchât sur le haut de la porte, d'où elle fusillait les citoyens. Parmi ceux dont la valeur contribua fortement à sa défaite, on signale M. Thierry, capitaine de l'ancienne armée, qui se battit sans relâche depuis une heure de l'après-midi jusqu'à huit du soir; il ne cessa pas, quoiqu'une balle l'eût atteint au bras droit. Tant de persistance fut couronné du succès,

Thierry eut la gloire d'essuyer et de rendre le dernier coup de fusil.

D'autres l'imitèrent dans ce lieu et aux environs avec non moins de magnanimité. Le fils d'un citoyen recommandable, auteur de plusieurs ouvrages philosophiques, M. Charles Massias, officier de cavalerie, se distingua pendant les trois journées, et particulièrement aux affaires du boulevard du Temple, du Château-d'Eau et de la porte Saint-Denis; les braves témoins de sa conduite le récompensèrent par une lettre qu'ils lui écrivirent, et que certes lui et sa famille conserveront comme un titre bien précieux de noblesse civique.

Un ancien juge de paix de Nanci sortait tranquillement d'une maison de la rue du Faubourg-du-Temple, lorsqu'il vit tomber auprès de lui plusieurs personnes atteintes de la mitraille d'un canon qui tirait presque sans relâche; vivement ému de ce spectacle, et bravant le danger, il alla droit à l'officier commandant la batterie, le harangua au nom de la patrie, et parla avec tant d'entraînement que les officiers et les soldats cessèrent sur ce point leur feu.

Dans cette journée, le fils de la veuve Mourette, demeurant rue Neuve-de-Bretagne, fut rapporté sur un brancard dangereusement blessé d'un coup de feu qu'il venait de recevoir à l'Hôtel-de-Ville. Sa mère, en le pressant tendrement dans ses bras, lui dit :

«—En te perdant, mon fils, il ne me reste plus aucun moyen d'existence; mais je suis heureuse, puisque tu meurs pour une aussi belle cause. »

Le fils, se ranimant par la tendresse de sa mère, cria d'une voix faible : *Vive la charte! Vive la liberté !*

Il est maintenant à l'hospice Saint-Louis, et ses jours restent en un péril évident. Que de larmes la patrie aura à verser sur tant de magnanimité!

Les citoyens, vainqueurs, à l'entrée de la nuit, sur toute la ligne des boulevards jusqu'à celui de la Madeleine, s'approchèrent en triomphe de la porte Saint-Denis, et la jeune Clara Levieux, qui, pendant la bataille, n'avait cessé d'encourager les Français de la parole et du geste, planta la première le drapeau tricolore qu'elle avait cousu au milieu, pour ainsi dire, de la mêlée. Partout les femmes, les jeunes filles animèrent les combattans en bravant avec eux les périls, et en les conjurant de ne pas laisser la victoire aux assassins qui les égorgeaient.

## CHAPITRE XVII.

Les faubourgs Saint-Jacques et Saint-Marceau, sur la rive gauche de la Seine, n'étaient aucunement décidés à supporter les chaînes dont on voulait les charger; le même esprit patriotique existait dans ces quartiers comme ailleurs. Là, avec plus de véhémence peut-être, car la population laborieuse qui l'habite tire presque toute son existence du commerce de la librairie et de l'imprimerie, papetiers, imprimeurs, relieurs, doreurs, assembleurs, brocheurs, lithographes, imagers, graveurs, parcheminiers, et ceux attachés aux écoles de droit et de médecine, aux colléges, à tous les établissemens publics qui appartiennent à la littérature et aux sciences, aux journaux, etc., comprenaient avec effroi que leur ruine totale était assurée dès le moment que la liberté de la presse n'existerait plus.

Certains de mourir de faim en se soumettant aux volontés d'un gouvernement ennemi de la nation, ils pensèrent qu'il vallait mieux mourir avec gloire et avec l'espoir du succès ; leurs compagnies s'organisèrent dans la soirée du 27, et elles demandèrent aux élèves de l'école Polytechnique de les aider à conquérir leur indépendance. Cet établissement si respectable a toujours renfermé une jeunesse ardente, ennemie de la tyrannie stupide de la congrégation, parce qu'elle est très-instruite, amie des lumières et de la liberté.

La congrégation et la cour devinaient la pensée de ces élèves ; elles frémissaient d'être contraintes à les employer ; mais comment s'y refuser ? Le génie, l'artillerie, les ponts et chaussées, etc., ne sont point des parties où il suffise d'hypocrisie et de royalisme extravagant pour faire son chemin; il faut là des connaissances positives, une étude continuelle des sciences et des arts, une capacité dont les ultras ne sont point capables, si bien que malgré eux l'école Polytechnique subsistait, non sans qu'ils l'environnassent de méfiance, de soupçon. Malgré tant de précautions prises, ce n'était encore qu'en tremblant qu'ils jetaient les yeux sur ce bel établissement, et on pouvait avec justesse leur appliquer les deux vers suivans d'*Athalie* :

Comme si dans le fond de ce vaste édifice
Dieu cachait des vengeurs armés pour leur supplice.

Les élèves avaient lu avec une douleur pareille à tout le royaume les fatales ou plutôt les heureuses ordonnances qui affrontaient toutes les lois; ils éprouvaient une indignation concentrée, qui ne devait pas tarder à éclater; cependant ils demeuraient tranquilles, attendant ce que le ciel réserverait à la France. Sur ces entrefaites le peuple environne l'école, il appelle à la délivrance de la patrie ces jeunes cœurs qui ne battent encore que pour elle; ils hésitent néanmoins, non par crainte personnelle, mais par un sentiment plus pur, celui de ne point commencer la guerre civile; mais lorsqu'ils apprennent que Paris tout entier est en armes, que la troupe seule est rangée du parti d'un ministère coupable, alors ils ne balancent plus, ils s'élancent hors de l'école aux cris de *Vive la charte! Vive la liberté!* et soudain la foule guerrière donnant le signal d'une obéissance passive, les prend pour chefs et reçoit leur commandement avec docilité.

Ce sont eux qui, dès cette heure décisive, parurent dans presque tous les quartiers à la tête de l'insurrection; eux qui régularisèrent des mouvemens héroïques, mais désordonnés; qui leur imprimèrent cet ensemble, cette vie, cet accord qui assurent la réussite. Ces écoliers devinrent des chefs consommés; ils eurent le sang-froid, l'habileté, le courage, le coup d'œil de nos vieux officiers. Le peuple, charmé de tant de talens unis à de tant de vaillance, se crut invincible avec eux, et le fut en effet.

Les étudians en droit et en médecine firent aussi d'heureux efforts ; ils combattirent en braves, soignèrent les blessés au milieu du feu : aucun péril ne retenait cette jeunesse belliqueuse, bien convaincue que c'était pour sa cause, pour son avenir qu'elle combattait ; mêlée aussi avec les dignes faubouriens, avec les ouvriers animés du meilleur esprit, elle luttait de courage et de dévouement à la chose publique.

Les places de l'Odéon, Saint-Michel, de l'École-de-Médecine, les quais de la Cité, furent les premiers rendez-vous des défenseurs de nos droits ; là ils commencèrent à foudroyer les suppôts de la tyrannie par des feux bien nourris et non interrompus. On se porta à Montaigu, à la caserne de la rue de Babylone ; partout une résistance opiniâtre procura plus de gloire à leur succès. Dans ce dernier lieu, les Suisses, au désespoir, et s'attendant à un massacre général, avaient résolu de ne pas se rendre et de mourir les armes à la main ; ils arborèrent, en signe de leur résolution, un drapeau noir à côté de la bannière blanche, et ce début répondit de leur part à ce dessein.

Ils avaient raison de se battre à outrance, car la première résolution des nôtres était de ne pas les épargner. Chacun marchait contre eux avec une sorte de colère menaçante que rien ne pourrait calmer. Au moment de partir de la place de l'Odéon pour cette attaque, un jeune homme s'écria plusieurs fois : « *A moi les créoles !* » Ils reconnurent sa voix, et tous ceux qui étaient là secondèrent son héroïsme. MM. Touchart et Vairon, imprimeurs, firent ainsi que lui, et rallièrent pour le péril un grand nombre de camarades.

En approchant de la caserne, afin de la cerner avec plus de facilité, le peuple fut obligé de s'emparer de la maison n° 2, rue des Brodeurs, et de la traverser; le jardin de cette maison n'est séparé de la caserne que par un mur à hauteur d'appui. Les habitans, effrayés des préparatifs du combat, laissèrent en fuyant les meubles et un service en vermeil épars sur les tables; de retour, leur surprise fut grande en retrouvant l'argenterie qu'ils n'avaient pas eu le temps d'enfermer ou d'emporter avec eux.

Tel était le désintéressement des nôtres; voici un des mille exemples de leur valeur : un jeune homme, âgé d'environ vingt-quatre ans, tenait un pistolet d'une main, et de l'autre un sabre de gendarme ; il venait d'abattre un Suisse ; deux des camarades de ce malheureux s'élancent avec fureur la baïonnette en avant pour le venger; le jeune homme recharge promptement son pistolet, tue l'un des assaillans et met l'autre en fuite; cela fait, il rentre dans la foule comme s'il avait fait une action ordinaire, et son nom reste inconnu.

Une lettre de M. Jules Caron, commandant la deuxième compagnie, donne sur cette affaire une suite de détails précieux que je me plais à copier. Il dit : « Encore brûlans de l'ardeur qui animait les Parisiens, ceux que le feu avait épargnés la veille et que l'obscurité avait chassés du champ d'honneur, se retrouvèrent le lendemain sans autre appel que la parole donnée sur les places. Celle de l'Odéon fut le lieu où je me rendis. Peu de temps après nous désarmâmes le poste des vétérans de la chambre des pairs et celui des gendarmes situé rue de Tournon. Ces armes augmentèrent le nombre de nos défenseurs, mais nous manquions des munitions nécessaires à notre entreprise contre la caserne de la rue de Babylone. Des bourgeois voisins de ce lieu de réunion avaient bien, il est vrai, travaillé toute la nuit à fondre des milliers de balles. C'était déjà beaucoup, mais l'essentiel nous manquait; la poudre ne pouvait être remplacée par la poussière, comme nous avions plusieurs fois remplacé les balles par des cailloux.

» Nous étions déjà plusieurs milliers dans cette pénible attente, lorsque nous vîmes arriver une voiture provenant de la poudrière des Deux-Moulins courageusement enlevée de la veille ; on eut une telle ardeur à cette vue, que nous eûmes beaucoup de peine à nous préserver, en repoussant les assaillans, d'une explosion qui devenait inévitable par l'approche des armes de ceux qui nous suppliaient de leur en donner. Cependant, nous parvînmes à calmer momentanément cette avidité par la promesse d'une égale répartition. J'en fis conduire un baril hôtel Corneille, où l'on avait fondu les balles. Tous les habitans de cette nombreuse maison en firent des cartouches, et mirent en paquet celle pour laquelle ils manquaient de plomb. Des sentinelles furent placées, tant pour garantir le magasin, que pour préserver celui du corps-de-garde de l'Odéon et de la rue Voltaire. Pendant qu'on faisait cette opération utile, il nous arriva une pièce de canon qui fut suivie d'une autre; enfin, la distribution des munitions se fit au milieu d'une allégresse qui allait toujours croissant à mesure que nous approchions du moment de nous battre.

» On forma en compagnies cette population tout à coup devenue guerrière; elle était composée d'hommes très-bien vêtus, d'ouvriers à peine couverts, de quelques soldats, débris des régimens soumis ou fuyards, de gens même déguenillés; mais cette différence de costume ne faisait pas celle du cœur; les vœux étaient les mêmes, un même but nous appelait, nous rassemblait, la destruction du despotisme. Pour l'obtenir, il fallait se battre; partout on était prêt, de toutes parts on entendait ce mot : *Partons!* Un ancien élève de l'école Polytechnique fut unanimement investi du commandement en chef. Celui des compagnies fut, en grande partie, confié aux élèves de cette belle école, et à quelques bourgeois qui, par leur conduite dans les dernières affaires, ont prouvé la mauvaise application du mot *pékin,* que quelques militaires grossiers leur donnaient il y a peu de temps encore. Dans le nombre de ces derniers, je fus pris pour commander la deuxième compagnie du régiment improvisé. Les chefs jurèrent de vaincre ou de mourir. Ce cri fut répété par ceux qui voulurent bien se soumettre à nos ordres. On battit la marche, qu'ouvraient les braves pompiers.

»Sur notre route, le peuple nous recevait avec joie, se mêlait aux nôtres, nous aidait à vaincre les obstacles qu'opposaient les barricades à nos pièces d'artillerie, sans rien détruire de ce qui nous était si nécessaire en cas de retraite, s'il fallait en craindre une; déjà on nous apprêtait du linge et de la charpie pour ceux à qui le sort serait contraire.

» On fit halte rue de Sèvres pour envoyer parlementer avec le commandant de la caserne Babylone; ne voyant pas revenir nos émissaires, on crut qu'ils avaient été retenus; d'autres furent envoyés; peu de temps après, ils reparurent avec les premiers, nous annonçant que l'entêtement helvétique nous forçait à combattre. On n'entendit plus qu'un cri : *En avant.* On se dirigea de divers côtés pour cerner les issues; une compagnie entra par la rue des Brodeurs, pendant que d'autres allaient occuper différentes rues.

» Pendant ce temps, notre autorité momentanée ne put mpêcher d'enfoncer les portes d'un couvent qualifié, par le peuple, *des jésuites,* et qui passait, avec quelque raison, pour renfermer quelques armes. Un couvent de femmes eut le même sort, pour forcer les religieuses à jeter par les fenêtres les paillasses demandées pour nos blessés; ce que les bourgeoises offraient sans y être invitées nous fut refusé par elles. Leur humanité ordinaire fut un moment oubliée.

» Arrivés au coin de la rue des Brodeurs, de Babylone et autres, les maisons furent occupées, les murs escaladés. Une fusillade s'engagea et fut long-temps nourrie de part et d'autre; mais les Suisses, garantis par des matelas, détruisaient nos braves, qui étaient la plupart à découvert et ne pouvaient riposter avec autant d'avantage des toits et des hangars environnans. Le projet de mettre le feu à la caserne vint luire, et fut aussitôt exécuté que conçu. La paille destinée aux blessés fut arrosée d'essence de térébenthine et placée devant la porte. L'incendie fut allumé sous la grêle des balles par un jeune homme de dix-huit ans.

«Ce moyen réussit. La crainte d'être brûlés vifs détermina les Suisses à prendre la fuite; ils le firent avec assez d'ordre, quoiqu'en courant à toutes jambes, et en nous lançant encore des balles ; mais l'ardeur qu'on mit à les poursuivre en fit tomber bon nombre sous le feu de nos braves compagnons d'armes. Si on eût suivi le conseil que j'avais donné avant l'engagement avec l'ennemi, nous n'en aurions pas manqué un. Quelques centaines d'hommes embusqués au coin du boulevard les auraient pris en flanc, et ces troupes fraîches auraient rendu la victoire complète. Mais à quoi me laissai-je entraîner ! N'accusons pas le hasard d'avoir sauvé des gens qui, bien que méprisables par la vénalité de leurs services, n'en sont pas moins des hommes ! Nous avons triomphé ! que n'avons-nous pu parvenir à ce but difficile par d'autres moyens que l'effusion du sang, toujours à regretter, n'importe d'où il coule ! »

Il y a une simplicité bien digne d'éloges dans ce récit de M. Caron, où lui-même s'oublie pour parler des autres ; mais il peut être certain que la France ne l'oubliera pas, et qu'elle le placera au nombre de ceux qui ont le plus généreusement combattu pour elle.

Une autre colonne s'avançait au pas de charge contre la Cité, que la troupe paraissait vouloir défendre avec énergie. Elle était commandée par M. Petit-Jean, logé rue de l'Échiquier, n° 30, et avocat au barreau de Paris. Déjà, dans la matinée, il avait réuni une foule de citoyens non moins courageux que lui, et les commanda au milieu de la mêlée, portant en écharpe, autour de ses reins, le drapeau tricolore, qu'il arbora lui-même de ses mains victorieuses sur les tours de Notre-Dame. Sa compagnie était d'environ trois cents hommes, auxquels il fit distribuer cinq cents cartouches, et la harangua avec cette énergie entraînante qui parle si vivement au cœur des citoyens, et principalement sur la place de Grève, prit part avec eux aux combats opiniâtres qui furent livrés sur ce point.

L'archevêché eut à essuyer une attaque décisive. Le peuple accusait avec raison M. de Quélen d'avoir abandonné sa cause pour celle de la cour; on lui reprochait ses mandemens, ses harangues au roi non conformes à l'esprit de l'Évangile, d'avoir sollicité en faveur des lois désorganisatrices, et oublié trop complétement qu'il devait être le pasteur de son troupeau. On se précipita sur sa demeure somptueuse, mal défendue par les troupes qui la remplissaient; on y trouva de la poudre et des armes. Quelques gens échauffés par l'action répandirent le bruit mensonger, je me plais à le croire, que les prêtres avaient fait feu sur le peuple au travers des grilles du jardin; cette accusation amena le pillage, ou plutôt la destruction complète du mobilier, qu'on jeta par les fenêtres; l'argenterie fut transportée à l'Hôtel-Dieu; et parmi ceux qui commirent ces dégâts, il ne se trouva pas un voleur, rien ne disparut; on brisa seulement. Cet excès est déplorable, sans doute; il n'aurait pas eu lieu si le clergé en général se fût tenu renfermé dans les bornes étroites de ses fonctions sacerdotales; il a, pour son malheur, voulu trop embrasser et constituer dans l'état une puissance séparée à laquelle nos mœurs répugnent, et que désormais il ne peut plus espérer de saisir solidement.

La place de Grève, les approches de l'Hôtel-de-Ville, dont la position paraissait importante aux deux partis, furent le théâtre de plusieurs combats sanglans. Pendant la journée du 28, la maison commune, vers laquelle se dirigeaient plusieurs colonnes de garde nationale et de citoyens en éclaireurs, fut prise et reprise douze fois peut-être, non sans une boucherie épouvantable, car la résistance n'était pas inférieure à l'attaque. Les assaillans, c'est-à-dire les nôtres, débouchaient par divers points : l'arcade Saint-Jean, les rues de la Tixeranderie, du Mouton, de....., les quais, et par le pont de fer. On sentait la nécessité de s'emparer de ce point central, où les insurgés pourraient établir un gouvernement provisoire, et dont la conquête aurait un effet moral prodigieux; en conséquence, nous déployâmes tous nos moyens pour nous en assurer la possession; les chances furent tour à tour favorables et contraires. Le feu, commencé de bonne heure, ne cessa que dans la nuit; enfin, les efforts de tant de héros furent couronnés d'un plein succès. Les royaux, lassés d'avoir à combattre contre des masses sans cesse renaissantes, évacuèrent ce poste dangereux, et là aussi flotta, pour ne plus en descendre, le drapeau aux couleurs victorieuses de la nation.

Pendant cette affaire, vers trois heures, lorsque le feu le mieux nourri, partant du quai de la Grève, battait le quai opposé depuis le pavillon de l'horloge jusqu'à l'île Saint-Louis, une vingtaine de jeunes gens, protégés par le parapet, occupaient et défendaient la tête du pont suspendu de la place de Grève; derrière ce rempart, ils tuaient nombre de Suisses. Ceux-ci, fatigués par des ennemis aussi redoutables, imaginèrent de les débusquer de leur position ; ils s'avancèrent au nombre de quinze ou vingt sur le pont; à l'instant notre belle jeunesse, loin de prendre la fuite, se présenta devant eux comme de vieux soldats. Leur feu part, des Suisses tombent ; les autres, effrayés, se retirent. Aussitôt un des plus jeunes combattans s'élance sur le pont, court au milieu des balles dirigées contre lui, arrive à trois soldats étendus morts, s'empare de leurs fusils, de leurs cartouches, et revient au milieu de ses camarades en leur criant : « Amis, voici de la poudre et des balles. »

L'intrépidité de ce trait est admirable. Un autre plus extraordinaire a eu lieu au même endroit. Le passage de ce pont terrible coûtait beaucoup de monde, on hésitait à le franchir; un jeune homme harangue les nôtres : « — Suivez-moi, leur dit-il; les balles tuent, mais ne font pas mal. Je vais vous montrer comme on les brave. Amis, si je succombe, souvenez-vous de moi, et donnez mon nom à ce pont; mon nom portera bonheur à notre cause : je m'appelle d'Arcole. »

Il dit, et avec une magnanimité supérieure aux plus beaux faits d'armes, ce héros adolescent s'élance, marche droit à l'ennemi, et meurt frappé du plomb assassin ! ! ! Mais l'exemple est donné, le sang du martyr de la cause sainte fructifie; le pont est franchi, et la colonne victorieuse entre au pas de charge sur la place de Grève, aux cris de *Vive la Charte! Gloire à d'Arcole!* et le vœu de ce noble citoyen est exaucé sur-le-champ : son nom est imposé au pont dont on lui doit la conquête, tandis que les trois couleurs sont arborées sur le beffroi de l'Hôtel-de-Ville.

Le tocsin de la commune, celui de Saint-Gervais, répondent bientôt au tocsin qui depuis long-temps se faisait entendre du haut des tours de Notre-Dame. A cet appel de terreur, plus d'un cœur palpite : hommes, femmes, enfans, vieillards, tous marchent, tous accourent, les uns pour remplacer ceux qui meurent, les autres pour emporter les blessés et les morts, sublime et triste spectacle. Chaque compagnie de citoyens est suivie par des mères, des épouses, des sœurs, des maîtresses, qui, malgré le bronze vomissant le trépas, qui, malgré la vivacité de la fusillade, ne peuvent abandonner ceux qui leur sont chers; elles les suivent dans la mêlée, dont elles approchent de *leurs tristes et intrépides regards*, les excitant à l'attaque, les secourant lorsqu'ils sont frappés. Des larmes, des plaintes, des exhortations, la crainte de les perdre, le désir de les voir victorieux, remplissent les âmes ou dénotent leurs émotions. Oh! qu'un peuple est grand, qu'il est respectable, lorsque dans les deux sexes il déploie de pareilles vertus !

## CHAPITRE XVIII.

Les environs de l'Hôtel-de-Ville voient également se livrer divers combats partiels, qui n'en sont pas moins meurtriers. On ne peut, dans le premier moment, tout rapporter, tout détailler, il n'est possible que de saisir quelques parties de cet immense tableau; les détails échappent par leur multiplicité non moins que par leur importance. Je citerai un fait entre mille.

Au milieu des citoyens embusqués derrière les rues Saint-Germain-l'Auxerrois, de la Sonnerie et du Veau-qui-tète, se trouvait un jeune homme des faubourgs, porteur d'un bon fusil dont il ne savait pas se servir; un vétéran de l'ancienne armée le prie de lui prêter son arme pour un instant; il s'embusque derrière la borne du café Secrétain; tout à coup une colonne de Suisses débouche sur la place du Châtelet; notre brave fait feu, un Suisse tombe. Toute la colonne tire sur lui; alors il se retranche derrière la maison, charge son arme, et tire un second coup avec autant de bonheur que le premier. Les autres habitans l'imitent, malgré les balles nombreuses que l'on fait tomber sur eux; ces citoyens sont environ cinquante; leur feu intimide la colonne suisse, qui se replie en désordre, laissant la place jonchée de corps des siens morts ou blessés.

Dans la rue de la Monnaie, un peloton de troupes de ligne avait couché le peuple en joue lorsqu'un soldat tombe en défaillance; il a reconnu son frère dans le groupe qu'on ajustait; bientôt, reprenant ses esprits, il sort des rangs, s'élance vers ce frère qu'il allait égorger, et s'éloignant avec lui après l'avoir vivement embrassé, va défendre ailleurs la cause nationale en détestant celle de la tyrannie.

A la place des Innocens, un jeune Lillois, nommé Sébire Céleste, arrivé à Paris de la veille, s'était empressé de prendre les armes pour la cause sacrée qui nous animait tous. A la tête d'un groupe de guerriers citoyens, il va planter l'étendard tricolore sur une barricade, malgré la mitraille et la mousqueterie dont il est le but; il ne peut accomplir son dessein généreux, il recule un instant; mais, rempli d'une force nouvelle, il y revient une seconde fois; une balle, partie presqu'à bout portant, lui fracasse les deux jambes; il tombe, et une amputation nécessaire lui est faite avec succès à l'hospice Dubois. Certes celui-là est bien au nombre de ceux à qui la ville de Paris et la France tout entière paieront une dette inscrite à jamais dans nos cœurs.

Une lutte également acharnée avait lieu sur le boulevard des Italiens. Là plusieurs officiers perdent la vie; un, entre autres, frappe un enfant de douze ans du plat de son épée en l'appelant gamin et petit voleur; l'adolescent s'éloigne, arrache tout à coup un fusil à un citoyen, l'arme, revient en courant sur l'officier placé au bout de la rue de Choiseul, le couche en joue et le tue. On lui demande pourquoi il a commis ce meurtre à son âge, et que lui avait fait personnellement cet officier. « — Il m'avait insulté, répond l'enfant ; il fallait ma vie ou la sienne. »

Quel quartier de Paris demeure tranquille ? quelle est la rue où la guerre n'éclate pas ? il faudrait les désigner toutes pendant cette journée du 28, qui décida du gain de la victoire.

Vers une heure environ, le duc de Raguse sortit enfin de la sorte d'apathie où il était demeuré jusque-là. Le général de Walsh depuis quelque temps lui demandait de nouveaux ordres, et Raguse n'en donnait pas. Des officiers se plaignaient, et le mot de traître errait dans plus d'une bouche. Le maréchal ne songeait alors qu'à sa gloire complétement flétrie, qu'à l'infamie dont il allait se couvrir en égorgeant lui-même ces

Parisiens que quinze années auparavant il avait livrés aux puissances étrangères. Je sais que plus d'une fois il se demanda s'il ne ferait pas mieux de se retirer et d'abandonner la direction des affaires à un esprit moins dévoré de remords ; mais sa position précaire, le désir de la faveur du monarque, un faux point d'honneur, ne lui permettent pas de céder à ce désir ; il comprend que l'heure est venue de se montrer franchement pour la cause qu'il a embrassée ; il donne donc l'ordre de marcher en avant, et du Carrousel, par la place du Palais-Royal et la rue Croix-des-Petits-Champs, vers la place des Victoires.

Là sont réunis et la garde nationale du troisième arrondissement et les bataillons francs des faubourgs Montmartre, Poissonnière, Saint-Denis, des quartiers Montorgueil, des halles, etc.; ils commandent à la tête du Palais-Royal, à la banque de France, aux Petits-Pères et à tous les environs. Leur contenance est ferme ; cependant à l'arrivée des troupes les colonnes de patriotes couvrent la place et l'environnent à tous les débouchés. Un régiment de la ligne est entré en pourparlers avec les nôtres, leur a promis de ne pas les combattre ; on s'est embrassé, la réconliation est opérée ; mais Raguse arrive. Il est deux heures ; il est suivi de l'artillerie et d'un corps de lanciers, mauvaise troupe, insolente et cruelle, et qui ne tardera pas à fuir toute désorganisée.

Le maréchal, décidé à combattre, cherche à retrouver dans sa tête étrangement troublée les combinaisons savantes qui autrefois le faisaient triompher des ennemis de la France ; mais ici son génie militaire est muet. Il n'a point à attaquer des étrangers ; ce sont des citoyens autrefois ses amis, ses frères, qui sont armés justement, qui ont pour eux le bon droit et le secours de Dieu. Il le devine à l'embarras affreux qu'il éprouve, aux terreurs de son âme, à ses tressaillemens involontaires ; il sait que le premier coup tiré par son ordre va le rendre exécrable à l'âge présent et à la postérité. Cependant il n'est pas venu là pour faire une simple démonstration, la fatalité l'emporte, il se détermine à nous assassiner !

Les troupes qui le suivent sont réunies à celles qui déjà occupent la place des Victoires; il les poste en face des rues du Mail, des Fossés-Montmartre, du Reposoir, Croix-des-Petits-Champs, Neuve-des-Petits-Champs, et ordonne l'attaque simultanée sur tous les points; elle a lieu; d'horribles détonations se font entendre, le canon chargé à mitraille gronde sur tous les points. Le premier choc repousse les citoyens dans la rue Montmartre; ils se retranchent dans celles du Cadran, Mandar, Tiquetonne, vers la Halle et dans les rues de traverse, au passage du Saumon. Là, une lutte opiniâtre s'établit; les Suisses, dirigés vers cet endroit, éprouvent de grandes pertes; on les tue à coups de fusil, avec des pierres qu'on leur jette des maisons voisines; chacune est une bastille qui vomit la flamme et la mort.

Nombre de citoyens se distinguent. Je citerai le nom de M. Boulet, maître d'hôtel garni, rue Saint-Sauveur, qui abat plusieurs Suisses et les dépouille de leurs armes, dont il gratifie ceux des nôtres qui n'en ont pas. La garde royale bat en retraite; elle abandonne une pièce de canon qui demeure sur un espace vide, mais dont on ne peut approcher sans péril à cause de la fusillade qui la protège encore. Un élève de l'école Polytechnique qui est à la tête du peuple court sur la pièce, et la retient dans ses deux bras :

« — Elle est à nous, s'écrie-t-il, je la garde, et je mourrai plutôt dessus que de la rendre. »

On lui crie derrière :

« — Les braves nous sont chers, vous allez être tué, revenez à nous. »

Le jeune héros n'écoute rien et tient encore la pièce plus embrassée, quoique les balles pleuvent et sifflent autour de lui; enfin, les siens, encouragés par tant de bravoure, font un dernier effort, s'avancent sur le terrain, et, par une fusillade bien nourrie, déterminent la troupe à effectuer sa retraite; ils sauvent la pièce et celui qui s'en était emparé le premier.

Tandis que l'on se battait ainsi dans le bas

de la rue Montmartre, Raguse, qui s'était mis à la tête de la colonne chargée de s'emparer des rues du Mail et de Cléry, arriva suivi des siens dans le haut de la rue Montmartre, et poussa jusqu'environ à l'issue de celle Jocquelet; mais là, rencontrant une résistance opiniâtre de la part des citoyens placés aux fenêtres, et par ceux qui, à terre, lui tenaient tête encore, il ne put conserver long-temps son avantage; à peine même s'il maintint le combat pendant quelques minutes; bientôt pressé de toutes parts, il tourna bride, et prit honteusement la fuite environné de son état-major, qui se sauva avec lui. Des huées, des applaudissemens, des sifflets, des expressions de mépris, des cris de *Vive la Charte!* accompagnèrent sa déroute. Il s'éloigna furieux et désespéré, s'en revenant vers les Tuileries, où sa présence épouvanta d'une manière étrange les ministres qui s'y étaient rassemblés.

Les efforts faits dans la matinée par les citoyens avaient refoulé dans l'intérieur de la ville la garde royale et les Suisses, depuis le marché Saint-Jean jusque dans le Louvre, à travers les rues de la Verrerie, des Lombards, de la Ferronnerie et Saint-Honoré, ainsi que dans toutes celles adjacentes et qui sont percées entre celles-là et les quais. Ce fut aux attaques des rues des Prouvaires et du Roule que se signalèrent MM. Laissac, jeune avocat de Montpellier, aussi recommandable par ses talens que par ses vertus civiques, qui allait au feu en regrettant ses parens, mais qui ne faisait pas moins son devoir en brave ; et Saunière, Carcassonais, avocat à la cour royale de Paris. Celui-ci, au milieu du feu, voyant que les soldats de la ligne manifestaient des dispositions pacifiques, s'élance vers eux, parle au capitaine Marchal qui les commandait, se constitue, malgré le péril évident, car les balles sifflaient encore, médiateur entre la troupe et les citoyens. Trois fois il revient à la charge, il exhorte les uns, persuade les autres, et parvient ainsi à rapporter aux habitans la parole d'honneur qu'il avait reçue des chefs et des soldats, de ne plus tirer sur le peuple.

La paix est donc rétablie sur ce point par ses soins, et la ville lui doit une couronne civique, car il a sauvé la vie à nombre de ses habitans.

Le colonel du 15ᵉ, qui apprend cette capitulation fraternelle, accourt pour la rompre; il commande aux siens de recommencer leur feu, mais tous demeurent immobiles. « — Vous avez juré fidélité au roi, » dit-il. On lui réplique: « —Nous l'avons jurée aussi à la nation, et la nation est là pour nous sommer de tenir notre parole, tandis que le roi se cache, et nous fait égorger nos frères. » Le colonel, confondu, s'éloigna en donnant les témoignages d'un désespoir profond.

D'autres avocats ont aussi bien mérité de la patrie. Je trouve dans mes notes les noms de MM. Tardieu, blessé à une attaque du Louvre; Moulin, qui prit une part active aux fusillades de la place de Grève; Le Fio et Disson, Dellequin, Andorre, qui, renfermé dans l'Hôtel-de-Ville pendant toute la journée du mercredi 28, y resta exposé au feu de la garde royale et des Suisses.

Le centre de la ville ainsi balayé, on marcha à l'attaque du Louvre; mais la garde nationale fut repoussée, malgré sa constance, par les ennemis, qui déployèrent sur ce point des forces supérieures. Je garde ce qui eut lieu sur ce terrain, pour le rapporter lorsque j'arriverai aux récits des événemens de la journée du 29.

Le quartier du Palais-Royal n'était pas plus demeuré tranquille. Là, comme ailleurs, une jeunesse impétueuse, unie à des hommes faits, avait aussi résolu de renverser la tyrannie ou de périr à la tâche. Le péril y était plus imminent qu'ailleurs peut-être : le Carrousel, depuis la veille, était devenu le quartier-général des royaux, le dépôt de leur armée et le point d'où ils envoyaient des renforts de toutes parts. Dès le 26 au soir, ce lieu présentait l'aspect complet d'un bivouac militaire; des corps de toutes armes, cavalerie, infanterie, des pièces de canon en nombre, des munitions de toute espèce l'encombraient. Là, se montrait formidable en apparence ce pouvoir royal qui serait le lendemain renversé sans retour. Là, on se targuait de la force, on affectait de l'insolence et du mépris pour cette populace effrontée, qu'on avait presque honte de repousser autrement qu'à coups de canne.

On devait donc croire que le 28 au matin les environs du Carrousel seraient couverts de soldats; la chose eut lieu de bonne heure. Déjà à huit heures des lanciers avaient fait une charge dans la rue Saint-Honoré, et tué un particulier dans le passage Delorme, où le peuple s'était réfugié. A neuf, ce fut le tour des Suisses et de la garde royale à nous égorger, car l'on ne se défendait pas encore sur ce point; mais les excès de ces satellites du despotisme animèrent les citoyens, ils courent aux armes, la garde nationale s'organise dans le deuxième arrondissement non moins que dans les autres. On se dirigea vers le Palais-Royal, la rue Richelieu, et là commença à midi trois quarts une fusillade meurtrière qui ne discontinua qu'à neuf heures du soir. Il se fit des prodiges de valeur, mais inutiles; la troupe maintint sa position jusqu'à la nuit, n'évacuant la place, que peu de temps avant la naissance du jour.

Le soleil, en se couchant, vit nos frères d'armes vainqueurs dans toutes les autres parties de la ville. A huit heures, les royaux, chassés de tous les postes, n'occupaient plus sur la rive droite de la Seine qu'une portion bien rétrécie de Paris; leur ligne partait du Louvre; en dehors de la place Saint-Germain-l'Auxerrois, se prolongeait sur celle du Palais-Royal, sur la rue Saint-Honoré en deçà de la rue Richelieu, prenait le marché des Jacobins, la rue Neuve-des-Petits-Champs depuis celle de Gaillon, la place Vendôme, la rue de la Paix, le boulevard de la Madelaine, la rue Royale, les Champs-Élysées et la place Louis XV avec les communications du pont de la Chambre des Députés.

C'était bien peu sans doute après tant de jactance et de sang versé; une situation pareille annonçait une déroute complète. Désormais les royaux, loin de pouvoir attaquer avec succès, pouvaient à peine se maintenir dans ces derniers postes, une population immense les y assiégait déjà, toujours en armes, toujours infatigable, car elle était soutenue par l'amour de la liberté et le patriotisme des habitans. Ils nous fournissaient des munitions, des rafraîchissemens et des vivres; ils aidaient à nos besoins; nous étions pour eux des fils et des frères. Les femmes surtout, avec quelle grâce, quel enthousiasme elles nous secouraient! chacun des nôtres trouvait dans chaque maison asile et de quoi se restaurer.

Il n'en était pas de même de la troupe malheureuse qui combattait pour la destruction des lois. Ses chefs ingrats et égoïstes ne s'étaient nullement occupés si elle aurait faim ou soif; on avait songé à armer les soldats contre leurs familles, et non à les nourrir. L'imprévoyance était égale à l'audace folle : ces gens-là voulaient la victoire, et n'avaient pris aucune mesure pour la décider. Le pain, la viande, le vin, manquaient; on donna de l'eau-de-vie, mais on oublia le reste, et les blessés surtout. Les secours que ceux-ci reçurent, ils les obtinrent de ce peuple qu'ils étaient venus égorger.

Aussi une confusion inexprimable régnait parmi ces régimens; harassés de fatigue, d'inanition, de tous les maux physiques, de toutes les peines morales, ils ne voyaient venir à leur tête ni le roi, ni le dauphin, ni aucun des grands du royaume. Ils n'étaient secondés ni par la noblesse, ni par la bourgeoisie; les charbonniers eux-mêmes, dont on avait fait tant de fête, ne paraissaient pas. Cet isolement complet, au milieu de toutes les classes de la société, était une preuve convaincante que la cause qu'ils défendaient était celle d'un seul homme, et point celle de la nation. Cette fureur permanente des citoyens, cette bravoure en eux qu'ils ne soupçonnaient pas, et dont ils étaient foudroyés, les plongeaient dans un découragement mortel. Tout à l'entour était morne et en armes; on les accusait de soutenir des traîtres, leur conscience les avertissait qu'on avait raison; d'ailleurs parmi eux existaient déjà des aigreurs, des défiances. Plusieurs régimens de la ligne, en tout ou en partie, avaient embrassé la cause des citoyens; les autres ne tenaient plus que par un fil à une obéissance insupportable; ils avaient donc à se craindre réciproquement.

En vain, pour les consoler, on leur promettait une gratification pour le lendemain, on leur annonçait la venue de renforts considérables; ils se montraient peu touchés, et laissant tomber leurs armes qui retentissaient sur le pavé, se livraient à un repos rempli de trouble et d'accablement.

On a trouvé au château, sous le couvert de M. de Lantivy de Reste, capitaine-archiviste de l'état-major général de la garde royale, les pièces suivantes; elles montrent assez quelles étaient les dispositions de la cour avant la journée du 29 :

GARDE ROYALE. — ÉTAT-MAJOR GÉNÉRAL.

*Ordre du jour.*

Le roi a chargé M. le maréchal duc de Raguse de témoigner aux troupes de la garde et de la ligne sa satisfaction de leur bonne conduite pendant ces deux dernières journées. Sa majesté n'attendait pas moins de zèle et de dévouement de ses braves troupes, et leur accorde en témoignage de sa satisfaction un mois et demi de solde; MM. les chefs de corps feront leurs états de solde, et pourront les présenter demain à l'état-major général de la garde, où cette gratification leur sera payée.

Paris, le 28 juillet 1830.

Pour le major général de service et par ses ordres.

*L'aide-major général de service,*

*Signé* marquis DE CHOISEUL.

*A M. le colonel du 2ᵉ régiment de grenadiers à cheval.*

Paris, ce 29 juillet 1830.

Le major-général de service ordonne au 2ᵉ régiment de grenadiers à cheval de se porter à l'entrée des Champs-Élysées pour y passer la nuit. Ce régiment sera sous les ordres du général Saint-Chamant.

## CHAPITRE XIX.

Avant de passer à l'histoire de la journée du jeudi 29 juillet, et de poursuivre la peinture douloureuse de tant de combats livrés et de si beaux faits d'armes payés du sang le plus digne et le plus pur, celui de nos vertueux concitoyens, je vais tâcher de délasser l'esprit du lecteur en le transportant vers d'autres scènes aussi curieuses, quoique moins importantes sans doute. Je commencerai par appeler son attention sur le château de Saint-Cloud, enivré la veille de fureur contre la sacrilége tentative de la *canaille libérale qui souillait Paris.*

Il n'y avait là qu'un seul cri poussé contre elle ; on la dévouait à la mort, à la prison, aux châtimens de toutes sortes ; on la décimait ; on achevait de lui ravir tous ses priviléges : il ne lui resterait rien de la révolution.

Les courtisans se montrèrent belliqueux, ils croyaient qu'on ne se battrait pas ; aussi que de sermens ils firent ! que de marques, que de protestations de dévouement furent mises en jeu ! Le roi lui-même imita les autres ; il allait disant :

« — Allons, Messieurs, nous ferons le coup de feu, nous monterons à cheval, puisque *les citoyens* ont envie de nous voir de près ; ils verront si je suis le descendant de Henri IV et de Louis XIV.»

Et flatteurs d'applaudir et de proclamer S. M. l'émule des plus grands capitaines. Le dauphin allait et venait, fâché d'avoir eu à contremander une partie de chasse; il ne disait rien, parce qu'il ne pensait à rien ; de temps en temps quelques mots de ricanement sortaient de sa bouche, puis il s'arrêtait, et recommençait ensuite à se promener et à jurer tout bas.

Madame la duchesse de Berry voyait mieux les choses ; on lui parlait plus franchement, et le comte de Menars, en homme d'honneur, lui avait fait, dès le matin, un récit exact de ce qui s'était passé la veille à Paris, en lui montrant comme poussée à l'extrême l'exaspération du peuple et le danger qu'il y aurait à ne pas faire des concessions qui calmeraient tout.

« — Mais, dit la duchesse, M. de Polignac prétend avoir pris toutes les mesures utiles; il a répondu hier au roi, sur sa tête, du succès de notre coup d'état. »

« — Madame, répliqua une personne du service intérieur, admise par S. A. R. à une familiarité bienveillante, la tête du prince ne peut répondre de grand'chose. »

La duchesse sourit; puis reprenant un ton sérieux :

« — Que je voudrais qu'il fût possible de faire entendre raison au roi ! Je sais bien que nous sommes perdus si nous ne foudroyons les ennemis de notre famille; cependant si la paix valait mieux..... Je verrai le roi bientôt. »

Sur ces entrefaites, on annonça un jeune peintre, auteur de procédés nouveaux, que S. A. R. avait mandé pour ce matin. Il avait dû, afin de venir au rendez-vous accordé, traverser une grande partie des quartiers où déjà la résistance était organisée, et où le combat était si actif qu'il avait reçu sur lui la cervelle d'un citoyen dont la tête avait été fracassée d'un coup de biscaïen. Arrivé, non sans peine et sans danger, à Saint-Cloud, il est introduit auprès de la duchesse de Berry ; il est pâle, tremblant, enfin dans cet état d'agitation où l'on peut se figurer un homme qui, pendant quelques instans, a craint de se voir arracher la vie sans avoir les moyens de la défendre. Madame lui demande la cause de son trouble; il la lui raconte, lui apprend ce qu'il a vu, et l'instruit des événemens qu'elle paraît ignorer.

La duchesse, confondue par un tableau si vrai et si naïf, laisse échapper plusieurs exclamations, s'étonne que les choses soient en un pareil état, se plaint de ce qu'on les a présentées sous un aspect différent, et l'engage avec instance à rapporter ces mêmes détails à Charles X., auprès de qui on l'introduit peu après. Le jeune peintre, avec cette émotion vive qui résulte de l'impression profonde sous le poids de laquelle il est encore placé, recommence son récit. Le prince n'en paraît nullement ému, et comme d'ailleurs le narrateur avait été choisi pour faire son portrait, il lui dit :

« — Ce n'est rien, tout cela finira ce soir; ce n'est presque rien. Tenez, mon cher, ce que vous avez de mieux à faire, c'est de commencer mon portrait. »

Cela ordonné, Charles X se pose convenablement, et attend que l'artiste saisisse ses pinceaux ; mais la sérénité des traits du monarque, leur calme incompréhensible, ne sont pas dans le cœur du peintre, qui se déclare dans l'impossibilité de commencer son travail.

«—Eh bien ! dit Charles X, ce sera pour la semaine prochaine ! »

L'artiste retiré, la duchesse de Berry, à qui on rend compte de ce qui s'est passé chez le roi, ne peut se contenir davantage. Elle va trouver son beau-père, ayant les yeux en larmes, et vivement épouvantée, car il n'y a dans elle aucune trace de cette fermeté qu'on lui prêta en 1820, parce qu'elle vit mourir son mari sans perdre le fruit de ses entrailles. Il en est d'elle comme de tous les chefs royalistes : leur énergie est toute de représentation; ils s'en parent jusqu'au moment de s'en servir; alors elle disparaît pour faire place à la terreur qui vit derrière elle.

Charles X, surpris de son maintien, lui demanda sans feinte ce qui pouvait lui être arrivé de fâcheux.

— « Ah ! sire, n'est-ce pas assez de l'agitation de Paris pour me causer une vive peine ? »

»—Que vous êtes faible, ma fille ! Que vous importent les criailleries d'une poignée d'écrivains fanatiques, et de quelques centaines d'ouvriers d'imprimerie de mauvaise humeur ? Pensez-vous qu'ils battent la garde royale et mes Suisses surtout ? »

« — Mais, sire, la garde nationale prend les armes. »

— Cela ne se peut point ; elle est cassée et elle n'osera se reconstituer. D'ailleurs, Mangin est là, Peyronnet aussi ; soyez tranquille ; vous voyez que je le suis. »

La duchesse alors, loin de se rendre, insista avec plus de vivacité, et fit une peinture effrayante de l'irritation populaire : que déjà les régimens de la ligne flottaient incertains ; qu'on ne pouvait attendre aucun autre prompt secours. Enfin elle se jeta à ses genoux, le conjurant de ne pas compromettre l'avenir du duc de Bordeaux.

Ceci mit Charles X de mauvaise humeur; il traita la duchesse de folle, de peureuse, de tête perdue; qu'elle montrait par trop de faiblesse ; et comme encore elle répliquait, il lui ordonna de se taire et de sortir de sa présence. Madame, accablée, s'en revint dans son appartement, où elle s'abandonna à une douleur excessive, pleurant devant tout son monde, exprimant son effroi de l'avenir.

Un peu après, le dauphin vint la visiter par ordre du roi. Il tâcha de la consoler, et, disait-il, de lui faire entendre raison. Il ne put y parvenir, d'autant que des nouvelles qui arrivaient ne présentèrent aucune amélioration au précaire dans lequel on se trouvait.

Le dauphin, non plus que son père, ne

comprenait aucunement leur position; il ne voyait dans le soulèvement de Paris qu'une mutinerie dénuée de toute importance, et que l'on apaiserait à la fin. Ceux qui l'environnaient s'étaient bien gardé de lui apprendre que le mécontentement universel avait bien son danger, que la France repoussait des ministres odieux et insupportables, qu'elle était affamée de justice et de liberté.

Il ne connaissait que les mensonges des courtisans. Le canon d'Alger, à les entendre, avait tué le libéralisme ; la Charte désormais pouvait être interprétée selon le gré du bon plaisir. On l'encensait sur son grand caractère, son génie, ses talens guerriers; on le traitait en héritier de roi. Aussi a-t-il couru à sa perte en aveugle, et il est tombé par terre sans reconnaître qu'il se laissait choir.

On sut à deux heures que le duc de Raguse attaquait les insurgés. Peu après, le bruit se répandit qu'il avait remporté une pleine victoire; que la révolte, noyée dans le sang des Parisiens, avait cessé d'être redoutable; que l'on était maître enfin. A cette nouvelle, voilà qu'un air de triomphe pare chaque visage; les abbés témoignent le plus de jubilation. Ce fut dans ce moment qu'un grand dignitaire ecclésiastique écrivit à Polignac, dans les transports de sa joie, ce billet de deux lignes que M. Édouard de Paravey trouva le lendemain aux Tuileries, et qui disait :

— « Mon cher ami, venez demain me voir, nous lirons le psaume 60. »

Ce psaume est une prière dans laquelle David remercie Dieu de l'avoir délivré d'un extrême danger, de l'avoir rétabli sur son trône, enfin de l'avoir établi dans son tabernacle. On voit combien il était en rapport avec les espérances que l'on avait à Saint-Cloud en la victoire prétendue du duc de Raguse.

Ce transport d'allégresse se perpétua jusqu'à l'entrée de la nuit; mais alors la vérité, qui n'arriva pas jusqu'à la famille royale, commença à être connue de ses alentours; on sut que la victoire était une défaite; que le peuple (on daignait enfin lui donner ce nom), loin d'être écrasé par les forces déployées contre lui, avait repoussé la garde royale, et la tenait bloquée dans le Louvre et les Tuileries. Alors une portion du voile tomba des yeux qu'il couvrait, on s'inquiéta, on dit qu'il faudrait faire un appel aux bons royalistes. Ceux qui étaient là se décidèrent à écrire à tous ceux de leur connaissance pour les engager à se lever en masse. Quant à eux-mêmes, ils ne purent prendre ce parti, ne voulant pas se séparer de la personne sacrée du roi.

Charles X, maintenu dans son ignorance extrême, fit sa partie accoutumée. Ce soir-là il ordonna une partie de chasse pour le lendemain; car ni les cris des combattans ni les plaintes des familles désolées ne l'émouvaient. Le bruit de l'artillerie, que le vent apportait vers Saint-Cloud, aurait dû cependant le retirer de son engourdissement; mais ce prince avait des yeux pour ne point voir et des oreilles pour ne pas entendre. La duchesse de Berry, plus alarmée ou mieux instruite, ne cessait de gémir ; elle passa une nuit cruelle : le jour suivant ne devait pas la consoler.

Les illusions dont on put se bercer au château de Saint-Cloud pendant quelque temps ne furent point partagées par le duc de Raguse. Il vit avec une douleur profonde la défaite qu'il éprouvait ; aucun secours humain ne lui restait dans cette fâcheuse circonstance ; les troupes, découragées dans leur persévérance ou ébranlées dans leur fidélité, devaient soutenir seules, car nul renfort ne leur arriverait à temps, des attaques sans cesse renaissantes et multipliées à l'infini ; une chaleur peu ordinaire augmentait la lassitude (le baromètre, à l'ombre, montait à vingt-huit degrés de Réaumur). Il y avait deux jours que les soldats étaient sous les armes sans avoir pris un instant de repos, et combien de temps devaient-ils encore conserver la même attitude ! Il était hors de possibilité que ce pût être long-temps : les hommes ne sont pas des dieux, et il y a un terme à leur vigueur et à leur énergie. J'ai dit que le pain, que tout manquait aux militaires. La preuve positive en est dans la lettre suivante, écrite en réponse au duc de Raguse, et interceptée le lendemain.

« Saint-Cloud, onze heures et demie du soir.

» Monsieur le Maréchal,

» J'ai eu l'honneur de remettre votre lettre à
» S. M. D'après ses ordres, M. le chambellan de
» service a mis tous ses employés en course tant
» à Saint-Cloud qu'à Sèvres, pour faire confec-
» tionner le pain dont vous avez besoin. J'en ai
» demandé trente mille rations ; je crains qu'il
» ne soit difficile d'en obtenir la moitié pendant
» la nuit ; aussi en ai-je commandé vingt-cinq
» mille rations à Versailles. Malgré ces deux com-
» mandes, je crains que le pain ne vous arrive
» pas avant dix heures du matin. »

Le reste de la lettre était relatif aux événemens militaires. On y voyait qu'elles n'occupaient
plus la barrière des Bons-Hommes ; que rien ne
protégeait la barrière de Saint-Cloud au quartier-général de Raguse ; que les capitaines des

gardes devaient, le lendemain, réunir à Saint-Cloud les quatre compagnies; mais qu'ils étaient engagés à en échelonner deux escadrons entre Paris et Saint-Cloud; que le roi avait donné des ordres pour qu'un bataillon des élèves de Saint-Cyr et six pièces de canon fussent rendus à Saint-Cloud le 29 à trois heures du matin. L'artillerie soutenue de l'infanterie de la garde, mêlée avec quelques compagnies des élèves de Saint-Cyr, devaient être employées à la défense des portes. Le signataire de la lettre annonçait au maréchal qu'il avait déterminé MM. les capitaines des gardes-du-corps à placer deux escadrons à Sèvres pour éclairer les deux rives de la Seine; que les escadrons qui étaient à Saint-Cloud communiquaient par le pont de Grenelle avec les escadrons de Sèvres; qu'il avait fait éclairer le bois de Boulogne, la route de Neuilly, et même celle de Versailles, où des rassemblemens se formaient.

Une autre lettre adressée au duc de Raguse, et de la même date, lui annonçait qu'à minuit et demi tous les postes occupés par les sapeurs-pompiers à la Préfecture de police avaient été relevés par des détachemens d'infanterie; et enfin dans une autre lettre écrite à un colonel de la garde royale, on lui disait que le major-général de service l'autorisait à faire distribuer *à ses frais* la quantité de vin qu'il jugerait nécessaire aux besoins de son régiment, lui disant en outre que ces frais lui seraient remboursés.

Une dernière lettre portait ces mots:

« Il faut demander au ministre un supplément
» de cartouches calculé de manière à ce que
» chaque régiment, en comptant ce qui lui
» reste, soit pourvu de cinquante cartouches
» par homme. »

Ces lettres prouvaient toutes victorieusement que le ministère infâme avait été pris au dépourvu. Il n'avait rien préparé, rien assuré à l'avance; les vivres faisaient faute aussi bien que les munitions: ce n'était pas de cette manière que l'on arrivait à la victoire.

## CHAPITRE XX.

Certes, la position des défenseurs du despotisme était bien précaire; la force physique les abandonnait, soit par la lassitude de chaque individu pris isolément, soit par le refus des corps de la ligne de continuer à tirer sur leurs concitoyens. Ce nouveau sentiment si digne d'éloges s'était manifesté dans la soirée; le 53$^{me}$ en avait donné la preuve si évidente, que le colonel, dans un moment de fureur, lui enleva son drapeau. Ce régiment fut ramené mercredi au soir sur la place Vendôme par les rues Sainte-Anne, Traversière et Saint-Honoré; sa contenance était morne, la douleur et l'irritation éclataient sur les traits des soldats; les officiers en général ne cachaient pas non plus leur peine extrême; plus tard, le lendemain, ne les ayant pas fait combattre, on les amena pêle-mêle au moment de la retraite, et plus d'une fois l'ordre fut donné de fusiller les officiers.

La garde royale elle-même n'était pas toute composée de soldats fidèles à une cause devenue illégitime. Un noble exemple fut donné par un ancien noble et issu d'une des meilleures familles de France, le comte Raoul de la Tour du Pin : ce généreux militaire, digne émule du vicomte d'Orthez, qui, par une lettre si célèbre, refusa de prendre part au massacre de la Saint-Barthélemy, écrivit en ces termes à Polignac, ne pouvant plus supporter les horreurs de cette guerre civile :

« Monseigneur, après une journée de massacre
» et de désastre entreprise contre toutes les lois
» divines et humaines, et à laquelle je n'ai pris
» part que par un respect humain que je me re-

» proche, ma conscience me défend impérieu-
» sement de servir un moment de plus.

» J'ai donné dans ma vie d'assez nombreuses
» preuves de dévouement au roi pour qu'il me
» soit permis, sans que mes intentions puissent
» être calomniées, de distinguer ce qui émane de
» lui des atrocités commises en son nom. J'ai
» donc l'honneur de vous prier, Monseigneur,
» de mettre sous les yeux de S. M. ma démission
» de capitaine de sa garde.

» J'ai l'honneur d'être,

 » Monseigneur,

  » De votre Excellence,

» Le très-humble et très-obéissant serviteur.

 » *Signé* comte RAOUL DE LA TOUR DU PIN. »

D'autres officiers non moins recommandables en firent autant. Je citerai MM. Turgot, qui porte un nom aussi cher que respectable ; Fumat, ancien officier de chasseurs, élève de l'école militaire ; Rousselet, garde-du-corps de la compagnie de Grammont; Clary, officier au premier régiment des cuirassiers de la garde, élève de l'école militaire, etc. Il est certain que, même dès le 27, plusieurs gardes du corps de la compagnie de Croï avaient rédigé une démission qui n'a pu être signée et envoyée que par l'un d'eux malade à l'hôpital, les autres ayant reçu dans la nuit l'ordre de partir avant d'avoir apposé leurs signatures.

Le 15ᵉ régiment de ligne n'avait pas encore tiré le 28, lorsque le colonel baron Périgueux, menacé par la gendarmerie d'être dénoncé, commanda le feu, qui fut exécuté avec autant de nonchalance que de peu d'effet. Ainsi tout manquait à ce pouvoir odieux et usurpateur; il se désorganisait d'ailleurs lui-même dans ses principales administrations : la préfecture de police, par exemple, était entrée en pleine vacance. Dès le 27, à dix heures du matin, chaque employé ayant reçu l'invitation de se retirer ; Mangin épouvanté fit comme eux, et, de même que les ministres, transporta, dit-on, au château des Tuileries son établissement de malfaisance.

Tandis que tout manquait au pouvoir, une énergie nouvelle devenait le partage des citoyens. Loin de s'endormir dans le beau succès acquis au prix du sang de tant de braves, ils se hâtèrent de déterminer celui plus grand encore qu'ils attendaient de leur courage en employant de plus grands efforts. Ce fut dans la soirée et pendant la nuit du 28 au 29 que l'on éleva dans toutes les rues de Paris ces dix mille barricades qui le rendirent imprenable, ces barricades qui sauvèrent la liberté, et construites avec une rapidité et un ensemble qui ne purent être que le fruit de l'enthousiasme : chacun y travailla, les forts comme les faibles ; les vainqueurs malgré leurs fatigues, les femmes malgré leur douleur; ceux qui avaient perdu un des leurs dans cette journée terrible venaient en versant des larmes concourir à la défense commune. On dépava les rues ; on entassa les barriques, les charrettes, les voitures, les planches, les poutres, les meubles même; on forma des redoutes imprenables et qui annulaient sans retour l'intervention de la cavalerie et de l'artillerie ; douze mille hommes auraient tous péri s'il avait fallu à une armée plus nombreuse forcer le passage à travers la rue Saint-Jacques.

Cet appareil formidable, ce moyen invincible de se protéger, acheva d'éteindre toute pensée de succès dans le cœur des royaux : leurs espions leur rapportèrent l'assurance que ce serait en vain que l'on s'avancerait dans Paris, qu'arrêté à chaque pas par une forteresse improvisée, il faudrait l'attaquer de front uniquement avec un désavantage marqué, et puis essuyer sans relâche par les côtés le feu de la mousqueterie qui partirait des fenêtres et les grêles de pierres qu'on lancerait également. Tout espoir de triomphe disparut sans retour : on dut se décider à conserver ce qu'on occupait, et ce n'était pas moins difficile que le reste.

On reconnut la rage qui animait les derniers défenseurs d'une monarchie expirante des blessures que ses propres mains lui avaient faites, à l'atrocité de leur conduite. Pendant cette nuit d'alarmes leurs patrouilles fréquentes dans les rues Saint-Honoré et Rivoli, ainsi que sur les quais du Louvre et des Tuileries, leurs sentinelles avancées faisaient feu à tout instant et par caprice sur les passans égarés loin de leur demeure. J'ai vu à neuf heures du matin, et devant moi, un détachement de la garde royale faire feu sur un groupe de six personnes, dont deux femmes, qui passait tranquillement sur le trottoir : une des femmes tomba sans vie.

Le calme ordinaire de la nuit n'exista pas pendant celle-là; on entendait le tocsin retentir dans tous les quartiers de la ville évacués par la troupe, le cri de divers postes qui communiquaient ainsi, le retentissement des instrumens de fer avec lesquels les habitans enlevaient le pavé des rues; les plaintes des blessés, les regrets de leurs familles; et dans le lointain, le chant des hymnes patriotiques, dont les jeunes gens répétaient les refrains de temps en temps; une fusillade rapide, des coups de fusil isolés; le canon aussi, qui grondait, apprenait à la ville que tous ses défenseurs ne se reposaient pas, ou que ses ennemis se livraient à de fausses alarmes. Qui put goûter un instant de sommeil pendant cette nuit? aucun bon Français, sans doute. Les malheurs de la journée écoulée faisaient préjuger de ceux du lendemain; nul n'espérait en des succès entiers; on craignait de perdre l'avantage acquis, et de retomber sous le joug du despotisme.

Les royaux, accablés du poids de la chaleur, car les ténèbres étaient brûlantes, de celui de leurs armes, mourant de soif, d'inanition, démoralisés par le mauvais effet de leurs tentatives, ne pouvaient non plus se reposer paisiblement. Leurs chefs, dévorés d'inquiétude, comprenaient l'horreur de leur position, se jugeaient perdus; et pour comble de misère, ne voyaient aucun honneur dans la carrière qu'ils poursuivaient. Les ministres, chassés de leurs hôtels, séparés de leur famille, déjà en fuite et renfermés dans les Tuileries, se regardaient avec consternation, n'osant plus se parler, se redoutant, ou plutôt se haïssant l'un l'autre.

M. de Montbel, éclairé enfin sur les conséquences de son dévouement, et mortellement frappé à la vue de tant de calamités, proposa à ses collègues de donner leur démission, et d'engager le roi à retirer les ordonnances fatales. Polignac s'opposa à cette ouverture, en déclarant que, comme ministre provisoire de la guerre, il connaissait les ressources immenses qui étaient à la disposition de l'autorité; que dans la soirée du lendemain, et d'après les ordres qu'il avait donnés, Paris serait inondé de troupes, qui lui feraient payer cher sa folle résistance.

« — Prince, répliqua M. de Montbel, est-ce que vous voulez perpétuer la guerre civile? Quant à moi, je proteste qu'elle n'aura pas lieu par mon consentement. »

« — Vous abandonneriez donc le roi? » repartit Polignac.

« — Plaise à Dieu, dit alors M. de Montbel d'une voix grave et mélancolique, que la providence ne le place point dans le cas où nous pourrons prouver vous et moi qui le quittera le premier!

Les autres ministres envoyèrent chercher le duc de Raguse, pour qu'il fît lui-même un rapport au conseil sur la position réelle des choses. Le maréchal protesta que le succès était désormais impossible dans Paris : « Le système des barricades employé en ce moment, et que nous ne pouvons empêcher, dit-il, à cause de notre petit nombre, ne permet plus à une armée, fût-elle de cent mille hommes, d'occuper militairement la ville. Tout ce que l'on peut, c'est de se maintenir, si des renforts nous arrivent avec des munitions. »

Cette réplique consterna le conseil. Peyronnet, dont la valeur tout en fanfaronnade avait disparu en face de l'éminence du péril, dit alors :

« — Mais, monsieur le maréchal, est-ce que tout serait perdu par une retraite ? »

« — Je le crains ; le découragement saisirait la troupe, elle en profiterait pour déserter. »

« — Ne peut-on tenir la campagne environnante et affamer Paris ? »

« — Oui, avec une armée fraîche et nombreuse; mais où la prendre? on a eu tant de difficultés à organiser celle d'Alger! »

« — Eh bien! s'écria Polignac, on la fera revenir cette armée victorieuse et fidèle; nous abandonnerons notre conquête par la faute des séditieux, et ce sera sur eux que retombera le poids de cette responsabilité. »

« — Prince, répliqua Raguse, il faut que tout soit décidé dans huit jours au plus; jugez si vous aurez le temps d'appeler des troupes qui sont d'outre-mer. »

Les autres ministres se moquèrent de l'ineptie de Polignac, et cette preuve nouvelle de son ignorance les dédommagea un peu de leur embarras présent.

Il y avait dans Paris des personnes attachées sincèrement à la royauté; elles voyaient la situation des affaires, et comprenaient leur gravité; parmi celles-là, madame de Maillé, toujours généreuse et dévouée, imagina d'envoyer à Saint-Cloud son fils, déguisé en domestique, pour qu'il apprît à Charles X de sa propre bouche ce qui se passait. Le jeune homme, ému du même sentiment que sa mère, part au travers de mille dangers, arrive au château, se fait connaître, demande à remplir sa mission. Le premier gentilhomme de la chambre de service répond que l'inconvenance de son costume lui interdit l'approche du roi; que c'est par un tel oubli de l'étiquette que la première révolution a eu lieu, et qu'en conséquence sa majesté ne veut plus laisser paraître devant elle les personnes non vêtues du grand habit. En vertu de cette résolution si royale, M. de Maillé ne put remplir sa mission.

## CHAPITRE XXI.

Aux premiers rayons du jour la générale battit dans tous les arrondissemens municipaux de la ville ; le tocsin, suspendu pendant une heure peut-être, recommença à tinter avec une nouvelle vivacité ; les citoyens reprirent leurs armes et se rendirent aux postes que dès la veille ils s'étaient assignés ; des chefs enfin venaient de leur être donnés. Les généraux Gérard et Dubourg, les colonels Dufay, Girard et nombre d'autres se mettaient à la tête des colonnes civiques. Le vertueux Lafayette, se dévouant au triomphe de la bonne cause, annonce qu'il paraîtra dès qu'il en sera requis par le peuple. Les députés présens à Paris s'engagent à prendre part au mouvement national; il y a déjà une sorte d'autorité légitime qui régularise ces opérations de géans. L'Hôtel-de-Ville occupé devient le centre d'un gouvernement provisoire dans lequel le peuple place déjà son espérance; la garde nationale, par son concours, achève de rendre légale la résistance.

Les tambours battent l'appel, et bientôt la charge; le combat recommence sur tous les points qui environnent les lieux occupés par la troupe; des colonnes nombreuses, des masses immenses descendent des faubourgs, de l'intérieur de la ville, et tant sur les rives de la Seine que dans les rues voisines du Palais-Royal, débouchent de toutes parts en bon ordre, et attaquent avec non moins de valeur que la veille, mais certainement avec plus de précision et d'ensemble.

La bataille fut opiniâtre dans la rue Saint-Honoré; la ligne, poussée de poste en poste, finit par abandonner la place du Palais-Royal, mais se retrancha dans les maisons, depuis la rue Richelieu jusqu'à celle de l'Échelle. Cet espace si court de la rue Saint-Honoré fut attaqué et défendu pendant toute la journée jusqu'à trois heures que le feu cessa, bien long-temps par conséquent après la prise des Tuileries. Il fut fait là des prodiges de valeur; là se distinguèrent pour la dernière fois, après avoir vivement contribué à la conquête du Louvre et des Tuileries, une foule de citoyens : dans le nombre je signalerai un jeune homme qui, monté sur un cheval blanc, se précipita avec une valeur extraordinaire sur la pièce de canon située en face de la petite rue Saint-Louis; il essuya le feu de l'ennemi; son cheval fut tué; lui-même, blessé dangereusement, tomba sous mes yeux; nous ne pûmes le secourir, tant l'ardeur de la mêlée était grande, mais plus tard je le vis emporter : puisse la Providence lui conserver une existence qu'il a si généreusement exposée pour la patrie!

Je nommerai MM. Vergnaud frères : l'un,

Abel, ancien capitaine de corps franc; l'autre, Albert, avoué maintenant en première instance; tous les deux montrèrent un noble courage, et eurent le bonheur de ne pas être blessés, quoique des balles eussent percé leurs vêtemens. Le même bonheur ne fut pas le partage du docteur Miguel de Villefranche de Lauraguais, qui, après avoir prodigué au péril de ses jours des soins constans aux blessés pendant les journées précédentes, fut atteint de la dernière balle que l'on tira dans la rue Saint-Honoré : il perdra l'œil droit. M. Layssac continua à cette attaque meurtière ce que la veille il avait si heureusement commencé. M. Dispect, officier de l'ancienne armée et peintre en miniature avec un vrai talent, prouva lui aussi que l'étude des arts n'enlève rien à la bravoure de l'ex-militaire. Sa conduite fut digne d'éloges : aussi il a bien mérité de ses concitoyens.

Les Suisses et les gardes royaux placés en cet endroit furent indignement abandonnés par l'état-major, au moment de la retraite; aussi presque tous perdirent la vie, notamment ceux embusqués aux balcons des maisons qui font les angles des rues de Rohan et de l'Échelle avec celle Saint-Honoré. Cependant le peuple après la victoire leur pardonna magnanimement. Notre héroïque jeunesse, ces belliqueux, ces estimables ouvriers, étaient les premiers à crier avec cette naïveté touchante : *Il faut être humain après la victoire, et tâcher de bien faire pendant le combat.*

Les boulevards dégagés, les patriotes se portèrent dans l'intérieur de la ville.

Le 5<sup>e</sup> régiment de ligne était posté avec quelques pelotons de la garde dans la rue de la Paix. Les citoyens armés débouchaient par le boulevard. Le capitaine Breiderbach, officier d'état-major, effrayé de l'effusion du sang français qui pouvait résulter d'un premier coup de fusil lâché de part ou d'autre, s'élance de son propre mouvement en tête de sa colonne ; il défend aux soldats de tirer et s'avance vers les patriotes :

— « Citoyens, leur dit-il, ne tirez pas, et la troupe ne tirera pas. »

— « C'est un piége qu'on nous tend, crie-t-on de toutes parts; quelles sont nos garanties ? »

— « Ma parole, répond l'officier; je suis soldat de l'ancienne armée; j'ai vingt-huit ans de service; je reste au milieu de vous; si l'on tire, les balles seront pour moi comme pour vous. »

Sur ces simples paroles, les citoyens s'avancent confians vers la troupe, et s'engagent au milieu des pelotons embusqués des deux côtés de la rue. Sur leur demande, les soldats retirent leurs baïonnettes, et les patriotes, après avoir embrassé leurs frères de l'armée au milieu des plus vives acclamations, se portent à l'attaque des Tuileries.

On cite un grand nombre d'étrangers qui ont voulu prendre part à la lutte glorieuse que le peuple de Paris a soutenue contre le pouvoir absolu. Nous avons vu dans nos rangs des Espagnols, des Italiens, des Portugais et des Anglais. M. Lindo, Anglais, employé dans la maison Orr et Goldsmidt, à Paris, s'est volontairement fait inscrire sur le rôle de la garde nationale ; il a bravé les feux de l'ennemi commun, et depuis que celui-ci a été honteusement chassé de la capitale, M. Lindo n'a pas quitté un instant le poste qui lui a été assigné ; il a monté une garde de quarante-huit heures.

Un autre Anglais, logé à l'hôtel Meurice, a constamment combattu avec le peuple dans les journées du 28 et du 29. Son enthousiasme et sa valeur avaient tellement animé les citoyens, qu'ils l'avaient élu à l'unanimité leur capitaine. Ce brave étranger les a conduits au feu avec une ardeur sans égale, et n'a abandonné le commandement qu'il avait si bien mérité qu'après avoir vu le calme entièrement rétabli. De tels actes honorent à la fois les deux nations, et montrent combien la conduite du peuple français inspire de sécurité aux étrangers.

Un troisième Anglais, qui contribuait également de sa personne à la défense de notre belle cause, a été frappé d'une balle à la tête au moment où il s'avançait à la fenêtre de l'hôtel qu'il habitait rue Saint-Honoré, pour jeter des pavés sur les troupes royales.

Le Louvre fut attaqué en même temps que la place du Palais-Royal, que les boulevards, et que la caserne de la rue de Babylone. Le général Gérard, décidé à se montrer, prit le commandement de l'armée parisienne, et la dirigea d'abord vers le Louvre, en prenant par la rive droite de la Seine, tandis que des colonnes nombreuses inquiétaient les soldats de l'autre côté du Pont-Neuf, du pont des Arts et du Pont-Royal. Les Suisses, chargés par Raguse de la défense du Louvre, dont la garde leur était confiée depuis la restauration prétendue, garnissaient les fenêtres et les sommités de ce majestueux et solide palais, bâti de manière à servir presque de citadelle à Paris, et tout au moins propre à soutenir pendant plusieurs jours les efforts d'une troupe régulière qui n'aurait pas avec elle de l'artillerie de siège; il paraissait impossible de les dégager de ce poste majeur : l'enthousiasme des citoyens l'entreprit et en vint à bout.

A part les Suisses, deux régimens de la garde

royale étaient placés dans la cour et dans le jardin de l'Infante et les autres jardins voisins; il y avait là des pièces de campagne, des munitions de toute espèce et des moyens terribles de soutenir la lutte qui s'engageait. Nos camarades, conduits par le général Gérard, par d'autres bons officiers, par des élèves de l'école Polytechnique, avancèrent au pas de charge, et, après un feu soutenu et meurtrier, se logèrent dans toutes les maisons de la place Saint-Germain-l'Auxerrois.

L'ancien capitaine Lançon, suivi d'une cinquantaine de braves, y arriva vers midi; il tua lui-même plusieurs Suisses, et contribua puissamment, avec le concours de ceux qui le suivaient, à la prise du Louvre, que trois colonnes attaquaient à la fois, une par le pont des Arts, l'autre par le quai de l'École, et la troisième par devant la colonnade. Des détails précieux concernant cette prise glorieuse sont consignés dans une lettre que je transcris; elle donne un aperçu rapide des efforts tentés dans les deux journées du 28 et 29, pour arriver à la possession de cette antique demeure de nos rois.

Dans l'après-midi du 28, la garde nationale fut repoussée par un feu nourri des environs du Louvre, par la garde royale et les Suisses; ces derniers, refoulés des rues adjacentes, vinrent s'installer sur la place de la colonnade, en faisant mettre à couvert ses tirailleurs dans le coin de la rue Saint-Germain-l'Auxerrois et derrière les palissades, et de plus ils se trouvaient protégés par un détachement placé derrière les colonnes du Louvre. Le feu ne discontinua pas un instant depuis cinq heures jusqu'à minuit, et le lendemain 29, à quatre heures du matin, les tirailleurs parisiens en très-petit nombre, qui avaient seuls contenu un détachement nombreux, recommencèrent de le harceler. On fondait des balles chez M. Duvaud-Brayer. Un jeune homme qui n'avait plus de poudre se désolait de ne pouvoir tirer; il fut victime de son courage: atteint d'une balle à la tête, au coin de la rue Jean-Tison, il est mort sur-le-champ. Il y eut bien des victimes de part et d'autre, et les Suisses, quoique cachés par les colonnes, étaient souvent atteints. Le matin à quatre heures, nous nous approchâmes de cinq Suisses, dont un officier, qui avaient passé la nuit près du marchand de vin qui fait le coin de la rue Saint-Germain-l'Auxerrois; ils nous parlèrent, ils déploraient les ordres qu'ils avaient reçus :

« — Nous sommes voués à la mort, disaient-ils; déjà plus de dix de nos meilleurs officiers sont tués ou blessés ; mais il le faut. Nous ne pouvons nous rendre ; nous sommes décidés à mourir ! »

Le feu commençant, ils se retirèrent au Louvre. On continua à tirer de la colonnade, où ils étaient à couvert, et des croisées du bas, où ils ne pouvaient être vus. Leur feu continuel et juste blessa beaucoup de monde : une dame de la maison n° 12, ayant détourné sa jalousie pour regarder, fut atteinte d'une balle à la tête; une autre veut sortir, deux coups partent dirigés sur elle; une autre sort pour acheter du pain, une balle lui traverse la cuisse. Eh bien, ceci n'empêche pas cinq hommes dévoués de venir braver la fusillade, en se cachant derrière un petit mur de deux pieds de haut, où les balles tirées d'en haut pouvaient les atteindre, et pendant trois quarts d'heure tirent sur les Suisses cachés derrière les colonnes; ils chargeaient couchés, ajustaient, et aussitôt recommençaient ; l'un d'eux a la tête partagée par une balle, sa cervelle est à dix pas; mais ceci redouble l'audace d'un autre, qui s'élance, le drapeau tricolore à la main, jusqu'à la porte du Louvre, en criant: *A moi!* et brave une décharge formidable. Cet élan fut bientôt suivi : un jeune élève de l'école Polytechnique s'avance suivi d'un assez grand nombre de citoyens; trois montent sur la petite porte, et menacent de tirer si l'on n'ouvre pas; mais bientôt la petite porte se brise ; la grande est ouverte par ces héros, et on entre en foule, malgré les décharges faites de l'autre porte. On emmène des gardes royaux, tous dépouillés de leur uniforme; on les fait crier *vive la Charte!* et on les embrasse après.

Nous remarquâmes dans la foule deux ou

trois messieurs sans armes, décorés, et semblant diriger la prise du Louvre; l'un d'eux conseilla de monter sur une coulisse placée dans le jardin de l'Infante, qui servait à la descente des *gravois*. Ce conseil, suivi avec hardiesse, fit son effet, car aussitôt la colonnade se trouva évacuée; j'ai appris que cet officier était M. Dumont, ancien chef de bataillon *à la grande armée*; il n'avait pas d'armes, mais bravait les balles avec un sang-froid qui nous rappelle bien les anciens défenseurs de notre gloire. Placé à côté du jeune héros de l'école Polytechnique qui pénétra au Louvre le premier, il conseillait la prudence et retenait l'impétuosité. Je me suis informé, mais inutilement, du nom de celui qui le premier, bravant la fusillade depuis une heure, s'était élancé avec son drapeau; on me l'a dit avoir été grièvement blessé, à l'entrée de la porte. Je dois dire aussi que M. Remilien, marchand de vin qui fait le coin de la rue Saint-Germain, distribua du vin à tous indistinctement, et qu'en un instant deux feuillettes furent vidées; pendant ce temps il pansait les blessés.

Devant le Louvre, comme ailleurs, les beaux faits d'armes se renouvelèrent. Ce fut un enfant de seize ans qui, armé d'un fusil à deux coups et de deux pistolets, ouvrit le premier la porte du Louvre au peuple; ce brave jeune homme, criblé de douze ou quinze blessures, fut emporté dans l'église Saint-Germain-l'Auxerrois, transformée en ambulance; des soins lui furent prodigués, et Dieu nous le conservera peut-être, car il n'en est pas de plus digne de sa protection.

Un autre enfant du même âge, élève de l'hospice des Orphelins, nommé Pierre Charles Petit-Père, escalada, lui aussi le premier, malgré le feu des gardes royaux et des Suisses, une autre grille du Louvre. Assez heureux pour n'avoir reçu aucune atteinte, il alla continuer de se battre, le palais étant rendu, dans la rue de Grenelle-Saint-Honoré : une balle, après lui avoir percé la main gauche, fracassa son bras droit qu'il a fallu lui amputer. Il tomba ce jeune héros en poussant le cri *vive la Charte! Vive la France!*... Oh! que de reconnaissance nous devons à de tels frères d'armes, à de si nobles citoyens!

Auprès de lui un autre jeune homme de dix-huit ans, nommé Charles Bourgeois, serrurier de Rocroi, département des Ardennes, monta sur la colonnade, armé de pistolets non chargés (il manquait de poudre), pour y planter le drapeau tricolore; cinq Suisses le poursuivirent, le blessèrent à coups de baïonnette, mais ne purent mettre fin à ses jours.

Le nommé Lévy Abraham, israélite, demeurant rue des Vieilles - Audriettes - Saint - Martin, n° 9, au premier bruit du canon, sort sans armes pour se battre, saisit l'arme d'un lancier, et entre le cinquième dans le Louvre. Après avoir combattu long-temps, il rapporte un morceau du drapeau des Suisses. Ce brave homme, avant de retourner à ses travaux, a voulu déposer sa lance à la mairie du septième arrondissement. Là, des secours lui ayant été offerts, il les a d'abord refusés, en disant qu'il ne s'était pas battu pour de l'argent. Pressé d'accepter dix francs pour subvenir à ses premiers besoins, il a enfin consenti à les recevoir, en disant: « — Puisque vous voulez absolument que je les accepte, je les prends, mais sous la condition que je vous les remettrai à l'instant à vous-même, pour que vous en disposiez en faveur des orphelins. »

Le 29, le Musée du Louvre, dans lequel les Suisses s'étaient embusqués, est devenu le théâtre d'événemens qui auraient pu être du plus grand danger pour les richesses qu'il renferme. Il n'est pas un ami des arts qui n'ait pensé avec inquiétude aux risques que devait courir ce grand dépôt de nos richesses nationales, et surtout ce que nous y possédons de l'école italienne, et dont, dans un moment d'exaltation, les vainqueurs du Louvre pouvaient bien ne pas sentir tout le prix.

M. Prosper Lafaist, peintre, âgé de vingt-deux ans, après avoir contribué, les armes à la main, à la prise du Louvre, et pénétré dans l'intérieur du Musée, a consacré les soins les plus assidus à la conservation des tableaux qu'il n'a pas quittés de la journée.

Le tableau du Sacre avait été criblé de balles,

et avec lui, un portrait de Charles X, du même auteur, et un *Robert Lefèvre*. Ce sont les seules pertes que le Musée ait faites dans cette journée miraculeuse.

Nous signalons à la reconnaissance des amis des arts le dévoûment de ce jeune artiste et celui de ses compagnons qu'il avait établis à la garde des productions de nos grands maîtres. Une de ses sentinelles s'étant avancée à une fenêtre de la grande galerie, a été atteinte par un coup de feu parti de la place. Nous regrettons de ne pouvoir citer le nom de ce brave homme, qui est mort en quelques heures.

## CHAPITRE XXII.

Ainsi par des efforts surnaturels, par tout ce que le courage peut offrir de plus sublime, le peuple de Paris se rétablissait dans ses droits en assurant ceux de toute la France; il y avait en lui quelque chose de grand comme la victoire, et de calme comme la justice; la conviction intime qu'il combattait pour l'observance des lois lui donnait une énergie irrésistible, et qui nécessairement devait triompher. Dieu était pour notre cause contre des parjures qui profanaient la sainteté de son nom en l'invoquant au profit de leur ambition : insensés ! Dieu qui n'est ni pour les rois, les oints quand ils aspirent à la tyrannie, ni pour les prêtres dès qu'ils quittent l'autel.

Le château des Tuileries renfermait encore les ministres qui n'osaient se décider à abandonner la partie ; ils voyaient leur pouvoir expirer, et néanmoins essayaient de le maintenir encore ; ils crurent faire un acte très-important en faisant appeler auprès d'eux toute la cour royale pour siéger et rendre des arrêts foudroyans contre les rebelles. Ceci devait être combiné avec un arrêté de Mangin, daté de la veille et conçu en ces termes :

« Nous, conseiller d'état, préfet de police, etc.,

» Depuis avant-hier au soir des troubles gra-
» ves ont été commis dans Paris par des attrou-
» pemens séditieux ; le pillage, l'incendie, les
» coups de poignard paraissent signaler la pré-
» sence d'un grand nombre de brigands dans la
» capitale.

» Habitans de Paris, éloignez-vous de ces mi-
» sérables.

» Qu'une curiosité indiscrète ne vous porte
» pas à vous réunir aux rassemblemens.

» Restez dans vos demeures.

» Placez le soir sur vos croisées des lampions
» qui éclairent la voie publique.

» Prouvez par la prudence, la sagesse de votre
» conduite, que vous êtes étrangers à des excès
» qui vous déshonoreraient si vous y preniez
» part.

» Des mesures sévères de répression ont été
» prises. Des mesures plus sévères seront prises
» aujourd'hui.

» Rassurez-vous, la force restera toujours à
» l'autorité. »

» Paris, le 28 juillet 1830.

» Signé Mangin. »

Cette pièce curieuse ne fut pas affichée le 28, cela ne se pouvait plus. Les ministres, et Chantelauze en particulier, attendaient un bon effet du concours des tribunaux ; celui-ci chargea Mᵉ Bayeux, avocat-général, de l'exécution de cette mesure. La *Gazette des Tribunaux*, toujours bien instruite, et qui a, dans les circonstances actuelles, donné de si grandes marques de civisme, a rapporté les particularités de l'entrevue de ce magistrat du parquet de Paris avec *leurs excellences défuntes*. Je lui emprunte son récit, attendu qu'il est complet.

M. Bayeux, qui remplaçait le procureur-général absent, reçut le mercredi 28, à trois heures après midi, du garde-des-sceaux, une dépêche contenant une ordonnance royale, contresignée Polignac, qui mettait Paris en état de siége. Certain alors que les ministres étaient encore à Paris, il essaya, mais inutilement, de parvenir jusqu'à eux. Le jeudi matin, il fit une nouvelle tentative, au moment où les Suisses venaient de s'emparer des maisons qui sont au coin de la rue

Saint-Honoré et de la rue de l'Echelle; il se rendit aux Tuileries au travers de la fusillade.

A son arrivée, on lui dit que les ministres étaient chez le gouverneur, M. de Glandève. En effet, M. l'avocat-général trouva dans un salon MM. Chantelauze, Peyronnet et d'Haussez. Les deux premiers étaient sur un canapé; ils paraissaient ne s'être pas mis au lit, et M. Peyronnet était sans habit; le troisième se promenait avec un air profondément affecté.

M. Chantelauze demanda à M. Bayeux quel était l'état de la ville.

« — Admirable, lui répondit ce magistrat, plein de calme, mais en même temps de courage et de fermeté. »

« — Ce sont sans doute, dit M. Peyronnet, les fédérés qui ont conservé leur ancienne organisation. »

« — C'est, reprit M. Bayeux, la population tout entière qui est armée contre vous: ce sont les femmes qui montent des pavés dans leur chambres pour les jeter sur la tête des soldats pendant que leurs maris se font tuer dans les rues; c'est la France qui de tous côtés accourt à notre aide. »

Quelques signes de doute s'étant manifestés, M. Bayeux ajouta, avec plus d'instance encore, que dans moins de deux heures, six mille citoyens occuperaient les Tuileries ; qu'il n'y avait plus de ressources, que la lutte était complètement inégale ; qu'un seul parti leur restait, c'était de faire cesser les hostilités et de s'en aller; que la troupe de ligne refusait de tirer sur le peuple ; que même beaucoup de soldats avaient donné leurs cartouches, et que c'était avec ces munitions qu'on se battait. M. d'Haussez prit alors M. Bayeux en particulier, et lui montrant par la fenêtre les bataillons de la garde royale, il dit : — « Vous avez bien raison : ce sont là nos seuls défenseurs, et ils n'ont pas mangé depuis vingt-quatre heures ! »

« Les ministres passèrent dans une autre pièce, prirent du café, et dirent à M. Bayeux qu'ils allaient lui remettre des ordres. Ils se rendirent en effet à l'état-major, en passant par un souterrain qui établit une communication entre un des guichets de la cour des Tuileries et les appartemens où se trouvait l'état-major, sur la place du Carrousel. M. Bayeux remarqua qu'il y avait des prisonniers dans les caves ; il entendit même dire par un officier de faire sortir M. le sous-lieutenant de la garde nationale qui était venu la veille parler à l'état-major.

Arrivé chez le major-général avec les trois ministres, M. Bayeux y trouva réunis MM. Guernon-Ranville, Montbel et le duc de Raguse. Le magistrat leur répéta tout ce qu'il avait dit; mais il n'obtint de sa démarche d'autre résultat que de bien faire connaître à ces messieurs que leur position était désespérée.

Un des ministres demanda pour quelle heure le roi les avait convoqués à Saint-Cloud : « Pour onze heures, lui répondit-on. — Alors, reprit celui qui avait fait la question, il faut envoyer tout de suite nos voitures au Pont-Tournant. »

M. Chantelauze remit à M. Bayeux un ordre signé du major-général, et qui convoquait la cour royale de Paris au château des Tuileries. M. l'avocat-général fit remarquer que l'ordre était inexécutable, et qu'il engageait le ministre à le faire parvenir lui-même à la cour. — « Monsieur, lui dit M. Chantelauze, vous êtes le procureur-général; je vous charge de l'exécution. »

M. Bayeux demanda qu'on lui donnât un officier d'ordonnance pour sortir sans être tué par les soldats, bien certain que le peuple ne tirerait pas sur lui. On lui répondit que cela était impossible, mais qu'on allait lui donner un laissez-passer. Bientôt M. Raguse fit remettre à M. l'avocat-général un permis de sortir par les postes militaires établis aux Tuileries et au Louvre. M. Bayeux fit observer l'inutilité de cette feuille de papier pour parer des coups de fusil que tiraient les soldats de tous les étages des maisons, mais il ne put obtenir autre chose.

Après avoir vainement tenté de passer par les guichets qui vont au Pont-Royal, le magistrat revint par la rue de l'Echelle, convaincu que s'il était assez heureux pour échapper aux coups des Suisses, les habitans de la rue Traversière, qu'il habite, ne tireraient pas sur lui. Il réussit en effet à rentrer chez lui sans accidens; mais un malheureux fruitier, tout étonné de voir passer quelqu'un dans un pareil moment, mit la tête à la porte, et reçut un coup mortel.

Peu de temps après, un parlementaire fut envoyé, qui voulut traverser la rue de la Paix, mais il succomba. La fusillade dura encore pendant près de quatre heures.

Ainsi, malgré les avis, malgré les sollicitations pressantes de M. Bayeux, avocat-général, malgré l'assurance que tout était inutile, que la cause de l'absolutisme était infailliblement perdue, les ministres s'obstinaient comme par plaisir à continuer le carnage. Honneur au magistrat qui tenta du moins d'arrêter l'effusion du sang français, et qui s'est ainsi associé au triomphe de la patrie! Honte et châtiment exemplaire pour des hommes qui ont provoqué de longue main et commandé l'assassinat des Parisiens!

« — Prenez-y garde, disait, le 27 juillet, M. Mangin à un avocat; on tirera, on sabrera, on canonnera jusqu'à extinction : nous savons que nous jouons notre tête; il faut la défendre! »

Les infâmes! grâce à leur lâcheté, ils n'ont pas même un seul instant couru risque de la vie, et maintenant ils s'éloignent de cette capitale, qu'ils ont jonchée des cadavres de nos soldats et de nos citoyens. Mais si leur tête n'est pas là pour répondre de tant de forfaits, que du moins un solennel arrêt de la justice nationale livre à jamais à l'opprobre leurs noms et leur mémoire!

Tandis que M. Bayeux s'exprimait ainsi, et luttait avec tant d'énergie contre l'illégalité, une autre démarche non moins honorable, toute conciliatrice, et trop conciliatrice peut-être, était faite dans l'intérêt de cette monarchie, qui croulait sous ses propres fureurs. Des députés en petit nombre, et sans aucun mandat de la majorité de leurs collègues, s'étaient réunis le 29 au matin chez M. Jacques Laffitte : ils décidèrent avec lui qu'il fallait tenter de raccommoder les choses et d'obtenir des ministres et du duc de Raguse des concessions propres à ramener la paix au milieu de l'effervescence universelle.

Ces messieurs, peut-être aussi un peu trop renfermés pendant qu'on se battait depuis trois jours, et n'ayant par conséquent aucune idée positive de la juste exaspération des citoyens, s'imaginaient que ceux-ci consentiraient à mettre bas les armes aussitôt que le gouvernement le voudrait ; qu'il suffirait pour les apaiser de replacer les choses dans l'état où elles étaient cinq jours auparavant ; ils ignoraient que tant de sang versé ne pouvait être expié par des réparations ordinaires, que le peuple vainqueur avait acquis le sentiment de sa force, qu'il ne prétendait plus retomber sous un joug odieux, et voulait en finir pour cette fois avec une maison vieillie et incapable de le gouverner avec énergie et bonté ; il était décidé à ne plus s'accorder avec elle, à la chasser du royaume en poursuivant les avantages qu'il avait remportés, et qu'à aucun prix il ne reviendrait sous la domination de la camarilla française et du jésuitisme menaçant.

M. Laffitte donc, en pleine erreur, mais avec des intentions louables, traversa, suivi de ceux qui étaient venus chez lui, les boulevards et les rues au milieu de la mousqueterie qui sifflait continuellement ; ils eurent beaucoup de peine à se faire introduire auprès du maréchal : leur insistance enfin l'emporta, et ils purent remplir la mission qu'ils s'étaient donnée eux-mêmes.

M. Laffitte, prenant la parole au nom de ses collègues, exposa rapidement au maréchal la situation critique de Paris, lui fit la peinture des scènes affreuses qui se renouvelaient à chaque instant, l'invita à les faire cesser, et, le rendant personnellement responsable de toutes les calamités qui seraient la suite de son obstination à poursuivre le combat, il ajouta qu'il s'énonçait au nom de tous les députés de la France.

Le maréchal, sans répliquer aux diverses parties de son discours, lui dit :

« — L'honneur militaire est l'obéissance. »

» — Et l'honneur civil, reprit vivement M. Laffitte, est de ne pas égorger les citoyens. »

Raguse, après un instant de silence qu'il employa à réfléchir, dit :

« — Mais, messieurs, quelles sont les conditions que vous proposez? »

« — Nous croyons pouvoir répondre, repartit M. Laffitte, que tout rentrera dans l'ordre aux conditions suivantes : le rapport des ordonnances du 25 juillet, le renvoi des ministres, et la convocation des chambres le 3 août. »

« — Comme citoyen, dit le maréchal, je puis ne pas désaprouver, partager même les opinions de MM. les députés; mais, comme militaire, j'ai des ordres, je dois les exécuter. Au surplus, si vous vouliez en conférer avec M. de Polignac, il est ici, je vais lui demander s'il peut vous recevoir. »

Le duc de Raguse sortit à ces mots. Une vive anxiété remplissait le cœur des députés, qui comprenaient la solennité de la réponse qu'on allait leur faire. Le duc rentre bientôt après : sa figure est renversée, ses gestes expriment la consternation ; il apprend aux députés sans mission du peuple, que Polignac se refuse à une conférence inutile, parce qu'il ne consentira jamais à céder ce qu'on lui demande.

» — C'est donc la guerre civile, » dit M. Laffitte avec une juste indignation.

Le maréchal se tut....

Les citoyens qui avaient désiré rendre la paix à la capitale se retirèrent la consternation sur leurs traits, et la mort dans l'âme. Ils purent voir alors quels hommes ils voulaient ménager, et de quel prix immense ils consentaient à payer l'abrègement de quelques heures d'une guerre terrible, mais dont le résultat devait nous délivrer sans retour.

M. de Montbel, instruit peu après de la réponse de Polignac, s'emporta contre celui-ci, lui reprochant son obstination coupable. « — Vous renversez le trône, lui dit-il, et au profit de votre ambition : quant à moi, puisque je suis un obstacle à la concorde entre le roi et la nation, je renonce à mon portefeuille, et je ne suis plus ministre de ce moment. »

## CHAPITRE XXIII.

Si des négociations étaient entamées avec le ministère dans le but de pacifier Paris en le maintenant sous une obéissance qui ne lui convenait plus, d'autres, non moins importantes et dirigées dans un meilleur but, avaient eu lieu dès l'avant-veille; celles destinées à donner un gouvernement provisoire, à placer la garde nationale sous le commandement du général Lafayette, ce qui était lui rendre son ancienne énergie. Une lettre publiée par M. Caffin d'Orsigny, et adressée au duc de Choiseul, jette un grand jour sur les efforts de quelques citoyens généreux; elle dit :

« Monsieur le Duc,

» La lettre aussi noble que généreuse que vous venez d'adresser aux Parisiens\* m'impose le devoir de vous faire connaître comment votre

---

\* Des affiches placardées sur tous les murs de Paris le 29 juillet désignaient le duc de Choiseul comme membre du gouvernement provisoire. Ceci amena la réclamation suivante de ce respectable pair.

*A Messieurs les habitans de la ville de Paris.*

« Messieurs,

» Une proclamation signée des généraux Lafayette, Gérard et le duc de Choiseul, sous le titre de membres du gouvernement provisoire, *et ayant accepté cette fonction,* fut affichée le 28 juillet et jours suivans sur tous les murs de Paris.

» Le résultat était alors incertain ; la lutte commençait, un danger éminent existait pour les signataires, dans le cas nom s'est trouvé parmi ceux des membres du gouvernement provisoire.

» Le mardi, 27 juillet, je me trouvais chez

où l'armée royale eût triomphé : notre supplice eût suivi la victoire.

» Mon nom avait sans doute paru utile; mon aveu ne me fut pas même demandé. Je n'étais rien, je ne commandais rien ; le seul péril était pour moi ; je gardai le silence : j'aurais cru être un lâche de dire la vérité, puisqu'il ne s'agissait que de ma tête, et je me félicitai de ce que la bienveillance dont la garde parisienne et mes concitoyens m'honorent avait pu paraître de quelque utilité.

» Maintenant que la victoire n'est plus incertaine, il est de ma conscience de déclarer que jamais je n'ai fait partie du gouvernement provisoire, que jamais la proposition ne m'en fut faite. J'ai accepté en silence tous les dangers à l'heure du combat, je dois hommage à la vérité à l'heure de la victoire.

» Le duc DE CHOISEUL,

» Pair de France, ancien colonel de la 1<sup>re</sup> légion, et ex-major de la Garde nationale parisienne.

» Paris, ce 1<sup>er</sup> août 1830. »

M. Bérard, député de Seine-et-Oise, avec quelques-uns de ses collègues, lorsqu'on vint nous prévenir qu'une réunion devait avoir lieu à huit heures et demie chez M. Audry de Puyraveau. Je m'y rendis à neuf heures ; il y avait peu de monde ; on s'entretenait des ordonnances et du sang qui venait d'être versé, mais on ne prenait aucune mesure. Je m'adressai pourtant au général Lafayette et lui demandai s'il accepterait le commandement en chef de la garde nationale. Il me répondit qu'il n'hésiterait pas s'il en était requis par ses concitoyens.

» Rentré chez moi, je réfléchis sur tout ce qui avait été dit, et résolus de sauver la cause du peuple que je voyais compromise si on le laissait ainsi à lui-même. Il lui fallait des chefs ; et je pensai à lui en donner en composant un gouvernement provisoire parmi tous les hommes dont j'avais entendu prononcer les noms comme devant rallier les partis. Je choisis ceux des généraux Lafayette et Gérard, et le vôtre.

» Le 28, à six heures du matin, je vis à la mairie

du septième arrondissement MM. Pages frères et M. Fessart, capitaine de l'ex-garde nationale, et leur confiai mes projets qu'ils approuvèrent. En moins de quarante minutes, nous parvînmes à réunir, chez MM. Pages, à l'hôtel de Saint-Pagnan, environ cent vingt gardes nationaux. Je leur dis que j'avais assisté la veille à la réunion des députés, qu'ils y avaient nommé un gouvernement provisoire, et ordonné la réorganisation de la garde nationale ; je donnai sur-le-champ les ordres nécessaires pour sa formation. Je fus parfaitement secondé par tous ceux qui étaient présens ; une force suffisante fut immédiatement dirigée sur l'Hôtel-de-Ville pour en prendre possession. Une commission fut alors nommée pour aller prendre les ordres du général Lafayette, et je partis pour la lui présenter. J'entrai, en passant, à l'administration du journal *le Temps*, j'y trouvai M. Billard, un de ses rédacteurs, que je priai de nous accompagner. Arrivé à dix heures et demie chez M. Laffitte, je fis demander au général Lafayette s'il voulait recevoir une députation de la garde nationale qui venait lui offrir de marcher à leur tête et proclamer le gouvernement provisoire. M. Lafayette nous fit répondre qu'il désirait en conférer avec les députés qui se trouvaient en ce moment réunis chez M. Laffitte; et dix minutes après il est venu lui-même recevoir la députation, en lui disant que MM. les députés approuvaient sa nomination de commandant en chef de la garde nationale, mais qu'il lui fallait un lieu convenable pour établir son état-major. Je lui ai proposé l'Hôtel-de-Ville, qui était déjà occupé par la garde nationale, sous le commandement du capitaine Fessart, mon beau-frère, et il s'y rendit sur-le-champ avec la députation.

» Tous les autres arrondissemens de Paris furent simultanément prévenus de la formation du gouvernement provisoire et de l'ordre d'organiser la garde nationale. M. Billard se rendit au journal *le Temps*, je fus moi-même aux autres journaux, et les noms des généraux Lafayette, Gérard, duc de Choiseul, furent imprimés et proclamés partout; ils donnèrent un nouveau courage aux Parisiens, et la victoire du peuple ne fut plus douteuse : c'est alors que MM. les députés ont commencé à nommer des commissions provisoires, que la garde nationale a été organisée, et qu'en peu d'heures l'Hôtel-de-Ville, le Mont-de-Piété, les Archives et tous les établissemens publics ont été sous sa sauve-garde.

» Voilà, M. le duc, toute la vérité sur la formation du gouvernement provisoire. Permettez-moi de vous remercier, au nom de mes concitoyens, du silence que vous avez gardé si généreusement. Combien je me félicite d'avoir si bien compris votre noble caractère! si les noms que j'ai choisis ont été assez puissans pour conjurer les maux qui nous menaçaient, je ne doute pas que nos succès n'eussent été encore plus étonnans si votre coopération eût été plus active.

» J'ai l'honneur, etc.

» CAFFIN D'ORSIGNY. »

C'était ainsi que chacun à sa manière, selon son intelligence, travaillait dans l'intérêt commun ; mais il y avait alors mieux à faire pour arriver à un heureux résultat, c'était de poursuivre les avantages de la matinée et de la veille, c'était d'en finir avec le gouvernement par la force des armes, par l'énergie que déploie une grande nation poussée à bout; ce moyen, qui convenait à l'impatience française, reçut sa prompte exécution : de la prise du Louvre les vainqueurs marchèrent à l'attaque des Tuileries.

Le général Gérard commandait le dernier mouvement; il faisait marcher les corps divers, soit par les deux rives de la Seine, soit par la rue de Rivoli, avec laquelle on communiquait par la place du Carrousel, soit par la rue Napoléon, soit enfin par l'intérieur du Musée des tableaux, dont une porte s'ouvre dans le pavillon de Flore. Les Tuileries, ainsi que le Louvre, offraient une position forte; des troupes nombreuses les défendaient, mais avec moins de vivacité qu'elles étaient attaquées.

Une sorte d'embuscade arrêta les nôtres; au moment du débouché du Pont-Royal, des officiers, des Suisses, des soldats de la garde, déguisés en bourgeois, armés de poignards et de pistolets, fondent tout à coup sur les citoyens, qui les croient des leurs, et en font d'abord un horrible massacre; mais cette ruse infâme n'a qu'un succès éphémère; de nouveaux détachemens viennent au secours de nos frères en danger; les assassins aux gages de Polignac et de Raguse ne tardent pas à être frappés eux-mêmes; ils perdent une vie coupable, et leurs cadavres sont jetés dans la rivière, qui les emporte vers Saint-Cloud.

Les diverses colonnes se rejoignent, la fusillade s'engage, le canon tonne, il vomit la mort; c'est pour emporter le dernier asile du despotisme, que l'on prodigue la valeur, le sang-froid, l'impétuosité. Parmi tant de braves, M. Michel Goudechau, chef d'une maison de banque rue de Vendôme, n° 9, combat au premier rang; déjà il avait coopéré aux prises de la caserne de Babylone et du palais du Louvre; il méprise la mort, pourvu que la France soit libre, et que chacun jouisse de ses droits.

Plusieurs élèves de l'école Polytechnique, intrépides guerriers, autant que leur instruction est profonde et variée, sont là et partout ; un d'entre eux, à la tête d'un bataillon, se présente à la grille du château et demande le chef du poste ; un officier supérieur se présente.

« — Ouvrez, Monsieur, lui dit le jeune commandant, si vous ne voulez être exterminés jusqu'au dernier ; la justice et la force sont pour le peuple. »

L'officier s'y refuse, se recule, et lâche son pistolet, dont le feu ne part pas.

La grille est enfoncée ; le jeune élève, qui conserve un calme sans égal, retrouve l'officier qui vient de tenter de le frapper en traître, le saisit, et, lui mettant son épée sur la poitrine, lui dit :

« — Votre vie est à moi, je pourrais vous égorger ; mais je ne veux pas verser de sang. »

Le vaincu, tout ému de cet acte de générosité,

arrache la décoration qu'il porte, et la présente à son noble ennemi en lui disant :

« — Brave jeune homme, personne n'est plus digne que vous de porter ce signe de l'honneur ; recevez-le de ma main. Officier supérieur, j'ai joui jusqu'ici de quelque crédit, et je suis certain qu'il me sera continué. Votre nom, je vous en prie. »

« — Élève de l'école Polytechnique. »

Et le héros de dix-huit ans va rejoindre ses camarades. Un de ceux-ci, tué dans les appartemens du château au moment où la tête de la colonne y entrait par la galerie du Musée, fut déposé sur le fauteuil du trône royal, et recouvert d'un crêpe qu'on trouva dans l'appartement de la dauphine. Il demeura sur ce catafalque glorieux jusqu'à l'instant où son père et quelques membres de sa famille sont venus réclamer ces restes précieux.

Le porte-drapeau tricolore qui parut sur la

place du Carrousel lorsque l'attaque du château commença s'avança d'un pas ferme jusqu'à l'arc-de-triomphe sans avoir fait un seul mouvement rétrograde, quoique l'on tirât sur lui plus de mille coups de fusil. Il arriva ainsi jusqu'à l'arc-de-triomphe, derrière lequel il se retrancha, et qu'il n'abandonna que pour entrer dans le château avec les vainqueurs.

Vers cette époque, et quand on débouchait par les quais, un jeune homme monté sur un cheval de grand prix, et dont l'habit et l'équipement annonçaient l'opulence, cherchait, demandait partout des armes pour voler où l'on se battait, et concourir à la défense commune. Il aperçoit un artisan porteur d'un bon fusil de guerre, et dont tout l'extérieur annonçait la pauvreté.

« — Mon ami, lui crie le jeune homme, j'achète ton fusil cent francs. »

« — Oh! non, Monsieur; c'est mon bon ami. »

« — Cinq cents francs. »

« Non, Monsieur ; il a déjà jeté deux ennemis par terre ; il en couchera d'autres. On ne se défait pas de son ami. »

Cependant la résistance des royaux était vaine : battus dans les cours, battus dans le château, battus dans le jardin par où ils se retirent, il ne leur reste d'autre parti à prendre que d'évacuer la ville par la place Louis XV, seul point encore en leur possession. Il fallait les voir abattus, harassés, perdus de fatigue, de désespoir et de honte, fuir à bride abattue ou à pas précipités devant cette jeunesse en chemise et sans aucune arme défensive. Les soldats, les officiers, les généraux s'échappaient pêle-mêle, sans garder de rang, sans songer à autre chose qu'à se soustraire au courroux des vainqueurs. Raguse, plus accablé, plus torturé que les autres, jette un dernier et pénible regard sur cette ville qu'il ne devait plus revoir, et que deux fois il avait trahie. Que tout le sang versé retombe sur sa tête, et que la malédiction de la France le poursuive partout où il ira traîner son infamie.

Cependant les vainqueurs pénètrent comme

un torrent dans ce palais abandonné de ses maîtres, de ces maîtres qui, à trois diverses reprises, n'ont point su le defendre; ils mettent en pièces quelques tableaux représentant Raguse, Charles X., le dauphin; ils cassent quelques glaces, et bornent là tout le désordre, qui n'est même que le premier élan de leur impétuosité. Mais la révolution n'est pas consommée; une prise solennelle de possession reste à faire; l'étendard tricolore est apporté sur le dôme de la salle des maréchaux; et à une heure précise, ce glorieux drapeau est hissé et flotte mollement aux acclamations d'un peuple immense. Le canon le salue, ainsi que la mousqueterie, et désormais la France peut se dire libre et se replacer à la tête des autres nations.

Nous eûmes à pleurer nombre de nos braves amis à cette attaque mémorable; MM. Ader, rédacteur de l'ancien *Miroir;* Farcy, rédacteur du *Globe;* Wiemer, élève de l'école Polytechnique, tué devant le Louvre; d'autres encore moins connus, mais tous aussi dignes d'éloges, ont terminé leurs jours en ce lieu.

Les vainqueurs, peu étonnés de la majesté de ce grand édifice, s'amusèrent, dès qu'ils y furent entrés, à visiter les diverses salles; dix ou douze se couchèrent sans façon sur le lit du roi.

L'un se mit à dire :

« — Camarades, le mal qu'il voulait nous faire a dû l'empêcher souvent de dormir ; en revanche, celui que nous lui faisons aujourd'hui ne lui rendra pas le sommeil pendant la nuit prochaine. »

Un autre disait :

« Se coucher sur un lit royal c'est un souvenir; je n'aurais jamais eu cette fantaisie, elle eût été trop bête; il a fallu l'être étrangement pour qu'on m'ait forcé d'y venir. »

Plus loin, un homme âgé cassait à coups de crosse de fusil un buste de Charles X ; un de ses compagnons se préparait à en faire autant à celui de Louis XVIII; aussitôt mille bras s'élancent au devant du coup:

— « Arrêtez, s'écrie-t-on, c'est le père de la Charte. »

Et l'on jette sur l'image de Louis XVIII un voile noir, en témoignage du deuil public et des malheurs que le roi son frère a répandus sur la France.

Un officier de la garde nationale recommandait à un ouvrier d'empêcher qu'on enlevât quelque chose du château des Tuileries.

«—Soyez tranquille, lui fut-il répondu ; soyez tranquille, mon capitaine, nous avons changé de gouvernement, mais nous n'avons pas changé de conscience.

M. Charles Gautier, apprenti ouvrier, demeurant rue Sainte-Avoie, n. 38, après s'être battu devant le château avec le plus grand courage, entra avec la foule; il trouva sous un fauteuil des bijoux, des bracelets de très-grand prix, qu'il s'empressa de remettre à la mairie du septième arrondissement.

Mademoiselle Stéphanie Pillaud, ouvrière, a également déposé une robe brodée de grand prix.

Deux jeunes gens, M. Bourgeois de Brie-Comte-Robert, élève du commerce, avec un autre jeune homme dont le nom n'est pas connu, après s'être battus avec un rare courage, entrèrent les premiers dans le pavillon Marsan, dans l'appartement de la duchesse de Berry; ils trouvèrent une cassette en bronze damasquiné, renfermant beaucoup d'or; ne voulant pas qu'elle s'égarât, ils se décidèrent à la transporter à l'Hôtel-de-Ville. Fatigués par son poids, au moment où ils traversaient la cour du Louvre, ils prièrent un citoyen de se joindre à eux, moins pour les soulager que pour les protéger contre toute tentative pour s'emparer de ce trésor, que tous les trois remirent au gouvernement provisoire.

On ne pourra jamais concevoir quelle probité, quel désintéressement montra ce noble peuple dans cette circonstance ; à peine quelques misérables s'emparèrent-ils d'objets de peu de valeur ; encore furent-ils obligés de restituer, car une garde s'improvisa parmi ces hommes tous pauvres, qui voulaient de la victoire, et qui avaient horreur du butin. On vit à la grille des Tuileries du bord de l'eau un ouvrier, dans un costume qui annonçait une pénurie extrême, armé d'un fusil dont il avait fait un bon usage, le front couvert du chapeau du général de Walsh dont il s'était emparé, ce qui lui donnait une apparence d'autorité pour fouiller tous les individus qui sortaient du jardin, pour s'assurer s'ils n'emportaient rien ; et châtier sévèrement un malheureux qui s'était emparé d'une tasse de porcelaine.

On ne trouva pour tous volumes dans l'appartement du roi qu'un Office du Saint-Esprit, un Paroissien complet, et une Journée du Chrétien. Toutes sortes de brochures remplissaient la bibliothèque de la dauphine; celle du dauphin était uniquement composée d'almanachs depuis le seizième siècle, sans qu'il y eût ni ouvrages sur l'art militaire ni sur l'administration. On ne revenait pas de cette indifférence pour tout ce qui est instruction.

Le château des Tuileries conquis, l'armée royale en fuite, le peuple demeura maître absolu de Paris. On devait s'attendre à des malheurs affreux et multipliés, à des vengeances atroces et prolongées, à des vols, à des brigandages de toutes sortes. Un sentiment de frayeur se répandait dans les classes aisées de la société; dans les magasins on n'était pas plus tranquille; mais on ne connaissait pas ces masses armées, ces héros que rien n'avait pu intimider, qui avaient vaincu la tyrannie. Ils possédaient autant de vertus que d'intrépidité; ils en donnèrent la preuve éclatante en se constituant eux-mêmes les protecteurs de la fortune publique et particulière. Des patrouilles civiques, des corps-de-garde composés de pauvres veillèrent à la sûreté de la Banque, des autres caisses de l'état et de chaque maison. La semaine entière s'écoula dans cette anarchie de justice, au milieu de cette confusion réglée, où nul excès ne fut commis, où l'ordre ne cessa pas un instant de régner. On ne peut assez signaler ce grand acte, cet admirable désintéressement, fruit des lumières d'une civilisation progressive.

Le combat fut entièrement terminé à trois heures. Quelques minutes après la population tout entière descendit dans les rues, et cela sans inquiétude, sans aucune crainte ; on recommença le cours des affaires et des visites; des enfans circulaient chargés de sacs d'argent, au milieu d'une foule sans pain et sans ouvrage; un salon de conversation s'établissait devant chaque porte cochère; des éclats de rire, des chansons, des propos qui frappaient les oreilles; on semblait oublier que dans le moment même la mort et l'épouvante planaient sur toutes les têtes.

Moins d'hilarité remplissait les quartiers où des combats avaient été livrés. Là on s'occupait à enlever les blessés, à rendre aux morts les derniers devoirs. On pleurait avec les familles désolées, on cherchait à les consoler. Des traits de bienfaisance, de charité toute chrétienne, succédaient à de grands exploits, à des actes de valeur sans exemple; on était animé par une multitude de sentimens divers; un reste d'agitation, l'allégresse du triomphe, la pitié due aux massacres commandés par ceux qui nous gouvernaient jadis, la certitude d'avoir conquis la liberté et d'avoir replacé la loi sur une base inébranlable.

A tant d'émotions se joignait non la terreur, mais le vif désir de connaître ce que serait notre avenir prochain; quelle forme de gouvernement on adopterait; quelles mains prendraient les rênes de son administration; toutes ces choses l'occupaient au milieu de l'ivresse générale et de la joie de la victoire.

C'était un étrange spectacle que celui du 29 au soir, que ce mélange de paix et de guerre; que ces rues hérissées de barricades menaçantes;

que ces maisons pavoisées, éclairées et criblées de balles, portant les marques irrécusables des combats à peine finis; que ces hommes en armes, à la mine si terrible, au courage si entier, à la douceur si parfaite; que cette garde nationale empreinte encore du désordre de la mêlée, harassée de fatigues, tourmentée de ce qui pouvait arriver, et néanmoins sur pied, calme et vigoureuse, protégeant, par sa présence, ces établissemens qu'elle venait de défendre sur le champ de bataille; que ce concours enfin de gens de toutes les classes, de tous les costumes, unis comme des frères, et paraissant ne former qu'une seule famille.

Le cœur ne pouvait contenir ces émotions profondes et ce tableau qui ne se renouvellera plus, et qu'on ne croira ni autour de nous ni après nous. On jouissait délicieusement de ce repos triomphant, de cette paix instantanée, en s'appitoyant sur les infortunes qui en étaient le prix; on n'admirait jamais assez l'attitude de cette multitude; on se demandait quelle puissance secrète la contenait ainsi sans appareil militaire, sans action de la police; sans gendarmes surtout; on avait de la peine à comprendre, même en le voyant, cet effort sublime de la vertu qui enchaînait les vices, qui domptait les inclinations les plus perverses, et qui pour tous faisait de la loi une protectrice et une sauvegarde là où il paraissait n'y avoir ni loi ni retenue.

Le peuple, au reste, dès le premier instant, ne se trompa point sur le résultat immense de l'avantage qu'il avait obtenu: il vit qu'en chassant le roi de Paris, il l'avait chassé de la France; que son effort de la journée et de la veille avait complétement détrôné Charles X; que, pour rendre stable ce grand ouvrage, il fallait se montrer digne de l'avoir entrepris, rester surtout à la tête des autres cités du royaume en se montrant sage lorsqu'il lui serait si facile de s'abandonner aux excès justifiés en général par la victoire; que, par une conduite exempte de reproches, il se ferait absoudre de *son coup d'état*, et que l'Europe, avec plus de frayeur de celui-ci que d'irritation, peut-être respecterait sa volonté, et n'oserait surtout lui en demander compte. Un instinct, fruit des connaissances acquises ; un progrès positif dans les esprits, un besoin de ce bon ordre, de cette légalité abhorrée par le gouvernement déchu ; une douceur de mœurs, fruit du travail et de la lecture ; une grandeur héroïque dont aucun siècle ne présentait un tel exemple, telles furent les causes de la modération que Paris garda, qui en fit une ville neuve, admirable, et où rien ne rappela, après un autre 10 août mille fois plus décisif, les crimes, les horreurs du premier, dont le seul souvenir épouvante encore.

## CHAPITRE XXIV.

Le château pris, le drapeau tricolore arboré, la troupe en retraite, Charles X sans couronne, voilà quels furent les résultats de trois journées.

On s'était attaché à détruire ce qu'on ne voulait plus, on se hâta de construire les bases du nouvel édifice constitutionnel ; déjà, dès la veille, et lorsque enfin l'Hôtel-de-Ville était demeuré aux citoyens, le général Lafayette, dont la belle âme ne reculait devant aucun des sacrifices dont la France pouvait profiter, s'était rendu à l'Hôtel-de-Ville pour en prendre possession au nom du peuple français; cet acte n'était pas sans péril, il y avait de l'énergie à le consommer. Bientôt un gouvernement provisoire est composé ; on le fortifie d'un nom respectable, celui du duc de Choiseul, qui était là pour représenter la royauté actuelle, comme le général Gérard représentait l'empire, et Lafayette les temps antérieurs.

Celui-ci se hâte de faire connaître à tous sa présence et son assentiment à ce qui vient d'avoir lieu, par une proclamation conçue en ces termes :

« Mes chers amis et braves camarades!

» La confiance du peuple de Paris m'appelle encore une fois au commandement de sa force publique. J'ai accepté avec dévouement et avec joie les devoirs qui me sont confiés, et, de même qu'en 1789, je me sens fort de l'approbation de mes honorables collègues aujourd'hui réunis à Paris. Je ne ferai point de profession de foi, mes sentimens sont connus. La conduite de la population parisienne, dans ces derniers jours d'épreuve, me rend plus que jamais fier d'être à sa tête. La liberté triomphera, ou nous périrons ensemble.

» *Vive la liberté! vive la patrie!*

« LAFAYETTE. »

Une commission parisienne est organisée en même temps; elle se compose de MM. Mauguin, avocat et député; Chardel, juge et député ; le comte de Lobau, député; Audry de Puyraveau, député, qui, prenant l'initiative dans la question importante que des esprits timides discuteraient ou éluderaient encore, s'adressent à leurs concitoyens par la proclamation suivante :

« HABITANS DE PARIS,

» Charles X a cessé de régner sur la France ! Ne pouvant oublier l'origine de son autorité, il s'est toujours considéré comme l'ennemi de notre patrie et de ces libertés qu'il ne pouvait comprendre. Après avoir sourdement attaqué nos institutions par tout ce que l'hypocrisie et la fraude lui prêtaient de moyens, lorsqu'il s'est cru assez fort pour les détruire ouvertement, il avait résolu de les noyer dans le sang des Français ; grâce à votre héroïsme, les crimes de son pouvoir sont finis.

» Quelques instans ont suffi pour anéantir ce gouvernement corrompu, qui n'avait été qu'une conspiration permanente contre la liberté et la prospérité de la France. La nation seule est debout, parée de ces couleurs nationales qu'elle a conquises au prix de son sang; elle veut un gouvernement et des lois dignes d'elle.

» Quel peuple au monde mérita mieux la liberté? Dans le combat, vous avez été des héros; la victoire a fait connaître en vous ces sentimens de modération et d'humanité qui attestent à un si haut degré les progrès de notre civilisation; vainqueurs et livrés à vous-mêmes, sans police et sans magistrats, vos vertus ont tenu lieu de toute organisation ; jamais les droits de chacun n'ont été plus religieusement respectés.

» Habitans de Paris, nous sommes fiers d'être vos frères : en acceptant des circonstances un mandat grave et difficile, votre commission municipale a voulu s'associer à votre dévouement et à vos efforts; ses membres éprouvent le besoin de vous exprimer l'admiration et la reconnaissance de la patrie.

» Leurs sentimens, leurs principes sont les vôtres ; au lieu d'un pouvoir imposé par les armes étrangères, vous aurez un gouvernement qui vous devra son origine. Les vertus sont dans toutes les classes ; toutes les classes ont les mêmes droits ; ces droits sont assurés.

» *Vive la France! vive le peuple de Paris! vive la liberté!*

» Lobau, Audry de Puyraveau, Mauguin, de Schonen.

» Pour ampliation :

» *Le secrétaire de la commission municipale,*

» Odillon-Barrot. »

Elle met en outre, par un arrêté spécial, les musées, les bibliothèques, le Jardin des plantes et tous les établissemens publics sous la sauvegarde des citoyens. Elle charge un de ses membres, M. Chardel, de la direction provisoire des postes, et lui, sans perdre de temps, ordonne le départ instantané de tous les courriers, portant déjà la cocarde nationale, et écrit à tous les préfets de département une lettre aussi importante par le fond que par la simplicité de la forme.

« Paris, 29 juillet 1830.

» La cause constitutionnelle a triomphé. Vous verrez demain dans des journaux plus étendus les détails de cet événement mémorable et glorieux. Je vous invite, en attendant, à publier le *Moniteur* ci-joint.

» *Le député directeur général des postes provisoire*,

» CHARDEL. »

En même temps, les généraux Gérard, Lafayette et Dubourg, qui tous les trois ont si bien mérité de la patrie, parcourent les rues, accompagnés de leur état-major, aux acclamations de tout un peuple qu'ils félicitent sur son héroïsme, tout en lui recommandant de ne pas encore trop se fier à sa victoire; ils donnent des ordres pour la défense de la ville, tandis que la commission veille à la nourrir et à la rassurer.

L'accord, dans ce moment, est complet entre tous les chefs.

On songeait à tout dans ce moment solennel, même à ces soldats qui venaient de nous combattre avec tant d'obstination, et que cependant on voulait rallier à notre cause sacrée. Le général Lafayette, dont la voix devait être entendue de tous les militaires sensibles à l'honneur, leur adressa la proclamation suivante :

«LA MUNICIPALITÉ DE PARIS A L'ARMÉE FRANÇAISE.

» Braves soldats!

» Les habitans de Paris ne vous rendent pas responsables des ordres qui vous ont été donnés; venez à nous, nous vous recevrons comme nos frères; venez vous ranger sous les ordres d'un de ces braves généraux qui ont versé leur sang pour la défense du pays en tant de circonstances, le général Gérard. La cause de l'armée ne pouvait pas être long-temps séparée de la cause de la nation et de la liberté; sa gloire n'est-elle pas notre plus cher patrimoine ? Mais aussi elle n'oubliera jamais que la défense de notre indépendance et de nos libertés doit être son premier devoir. Soyons donc amis, puisque nos intérêts et nos droits sont communs. Le général Lafayette déclare, au nom de toute la population de Paris, qu'elle ne conserve à l'égard des militaires français aucun sentiment de haine ni d'hostilité; elle est prête à fraterniser avec tous ceux d'entre eux qui reviendront à la cause de la patrie et de la liberté, et qu'elle appelle de tous ses vœux le moment où les citoyens et les militaires, réunis sous un même drapeau, dans les mêmes sentimens, pourront enfin réaliser le bonheur et les glorieuses destinées de notre belle patrie

*Vive la France!*

*Signé* : le général LAFAYETTE.

Lafayette ne parla pas en vain; une portion des divers régimens de la ligne avait déjà fait sa soumission, le reste vint peu à peu la faire, et de toutes parts ces soldats égarés par des chefs coupables, rentraient dans leur devoir envers la France, comprenant qu'elle ne réside pas toute dans son chef suprême.

Un ordre du général Pajol, qui seconda noblement notre sainte résistance, ne contribua pas peu à la détermination des militaires; enfin ce même jour 29 la garde nationale fut rétablie, par le commandement exprès de celui qu'en 1789 elle avait mis à sa tête.

### GARDE NATIONALE PARISIENNE.

La garde Nationale parisienne est rétablie.

MM. les colonels et officiers sont invités à réorganiser immédiatement le service de la garde nationale ; MM. les sous-officiers et gardes nationaux doivent être prêts à se réunir au premier coup de tambour.

Provisoirement, ils sont invités à se réunir chez les officiers et sous-officiers de leurs anciennes compagnies, et à se faire inscrire sur les contrôles.

Il s'agit de faire régner le bon ordre; et la commission municipale de la ville de Paris compte sur le zèle ordinaire de la garde nationale pour la liberté et l'ordre public.

MM. les colonels, ou, en leur absence, MM. les chefs de bataillon, sont priés de se rendre de suite à l'Hôtel-de-Ville pour y conférer sur les premières mesures à prendre dans l'intérêt du service.

Fait à l'Hôtel-de-Ville, ce 29 juillet 1830.

LAFAYETTE.

Le colonel chef d'état-major,

ZIMMER.

Soldats français!

Nous ordonnons à toutes les troupes, garde royale et de ligne, de se rendre dans les quarante-huit heures au camp provisoire établi à Vaugirard.

Nous donnons notre parole d'honneur qu'il

ne leur sera fait aucun mal, et que chaque militaire sera traité comme ami, comme frère, recevra ration et logement, en attendant nos ordres.

Pour le général en chef Gérard,

Le général en second,

Pajol.

Dès ce moment toutes les patrouilles civiques, composées de tous les combattans du jour, firent simultanément le service de la ville, avec la garde nationale rentrée dans ses droits, et dès le lendemain disparurent entièrement devant elle.

Le reste de la soirée, une partie de la nuit fut accordé à la joie, aux plaisirs bruyans d'une gaîté innocente, au triomphe non des braves qui avaient vaincu, mais à celui du sexe aimable qui avait pris lui-même une part si active à la longue bataille de Paris.

Les femmes se sont montrées admirables pendant ces jours de sang; le 29 au matin, on vit dans la rue du faubourg Saint-Denis un chasseur de la garde nationale en uniforme et en armes, pressant sa femme dans ses bras; cette femme très-jeune, et paraissant être mère depuis très-peu de temps, versait quelques larmes; mais bientôt élevant la voix et serrant fortement la main de son mari :

« — Je ne pleure plus , lui dit-elle, c'était une première émotion ; je t'ai embrassé , je suis contente ; va maintenant rejoindre tes frères , et combattre avec eux pour la liberté. »

Lors de la prise de la caserne de Babylone, on remarquait au premier rang un jeune adolescent que son intrépidité portait à affronter la mort; il n'est pas blessé, mais de retour avec la garde nationale, il tombe accablé de fatigue sur la place des Petits-Pères, et s'évanouit. On lui prodigue des secours affectueux... C'était une femme.

Sur la place du Palais-Royal une autre jeune femme habillée en homme allait au milieu de la mêlée au secours des blessés : un coup de feu reçu ne ralentit pas son zèle ; nombre d'autres imitèrent son exemple, et se signalèrent par ce courage patriotique et si digne d'admiration.

Une jeune fille, nouvelle Jeanne d'Arc, combattit à la place de la Bourse avec une valeur extrême ; elle s'y empara, malgré la grêle des balles, d'une pièce de canon. Ses compagnons de gloire, émerveillés de sa conduite, la portèrent sur un fauteuil à l'Hôtel de-Ville, et couronnée de lauriers ; puis le 29 au soir, placée sur un char triomphant qu'on orna de palmes, de lauriers, de myrtes, de drapeaux blancs renversés, d'étendards tricolores victorieux et des dépouilles de l'armée vaincue, on la promena dans tout Paris : le char traîné par la jeunesse franchissait les retranchemens à l'aide de leurs bras ; des torches éclairaient cette cérémonie pittoresque continuée au milieu des *vi-*

*vat,* des cris de joie et des chansons ; jamais on n'aurait dit que quelques heures auparavant le peuple qui s'amusait ainsi avait bravé la mort pour reconquérir les lois et la liberté.

## CHAPITRE XXV.

Mais tandis que Paris jouissait d'un calme profond, heureux fruit de sa force et de sa sagesse, le château de Saint-Cloud était livré à d'étranges émotions; on avait caché à Charles X et à sa famille le véritable état des choses, on les berçait même de la certitude du succès : le dauphin néanmoins, plus instruit que son père, sans toutefois apprécier l'étendue du mal, ne témoigna aucun désir de faire preuve de vaillance; il demeurait oisif au milieu de ses courtisans, se promenant sur la terrasse et examinant de temps à autre Paris et ses environs au moyen d'un télescope. Il était livré à cette occupation à une heure précise, lorsque ceux qui l'environnaient le virent pâlir et rougir coup sur coup; il se recula du télescope.

« — Au diable, dit-il, cette canaille; elle a pris les Tuileries, le chiffon tricolore flotte dessus. »

Si le dauphin avait eu les yeux de la réflexion, il aurait reconnu combien la cause était exposée, à la seule inspection de la contenance de ses flatteurs : ils se montrèrent consternés à la nouvelle qu'il leur donnait, et tel qui devant lui une minute auparavant n'eût pas osé faire un geste sans son ordre, s'approcha familièrement du télescope et se mit à regarder sans façon. Le dauphin retourna rapidement vers son père, qui laissa échapper une vive exclamation de terreur; la duchesse de Berry accourut tout éplorée et poussant des cris étouffés; chacun d'eux voulut voir par ses propres yeux cette bannière redoutée, et pour eux d'un si funeste augure.

Elle se déployait sur leur palais et leur disait par sa présence seule qu'ils n'y rentreraient plus. Bientôt les ministres arrivèrent à la file, Mangin avec eux, et qu'on ne daigna pas regarder; Polignac, pâle, défait, se mourant de peur, tressaillant à chaque bruit qu'il entendait, dans la pensée que les Parisiens étaient à sa poursuite; Peyronnet, cruellement humilié, ne faisant plus le fanfaron et ne sachant comment soutenir sa réputation d'énergie; Chantelauze, déraisonnant et demandant secours et protection au moindre valet du château; Guernon-Ranville ne se cachant pas pour pleurer; d'Haussez et Capelle, bourrelés de remords et de désespoir; Montbel, conservant seul du calme, montrait de la résignation, et prenant déjà des mesures pour la sûreté de la famille royale, car Polignac était hors d'état de songer à d'autres qu'à lui.

Vainement Charles X questionna son premier

ministre sur ce qui s'était passé; le ministre ne put lui répondre une parole satisfaisante; il confondait les dates, les faits, les lieux, et interrompit deux fois son maître pour demander des chevaux de poste, tant était grande son impatience d'abandonner ceux qu'il avait plongés dans cet abîme de maux. Cependant, pour se justifier, il chargea horriblement le duc de Raguse, lui reprochant de les avoir trahis par ses demi-mesures, ses hésitations perpétuelles et un défaut d'ensemble dans les opérations, comme si cet homme avait été le ministre de la guerre, et qu'il eût eu à ses ordres tous les moyens que l'imbécile Polignac aurait dû mettre à sa disposition.

— Mais, dit le roi, que faut-il faire?

« — Nous y aviserons, sire, répondit Polignac; attendons encore; la nuit porte conseil. »

Ce fut d'abord tout ce qu'on put tirer de lui. Certes, si tous l'eussent imité, la fuite aurait été prompte et honteuse. Il y avait quelques hommes plus dévoués, et surtout plus habiles, qui se flattaient de calmer le mouvement général.

La chambre des pairs, qui dans cette circonstance comme dans toutes les autres avait pris une attitude de timidité blâmable, ne put venir au secours de la royauté. La chambre des pairs, par une fausse manière de voir, s'était persuadé quelle devait continuer le secret; aussi jamais, à aucune époque depuis 1814, ne prit-elle une attitude énergique propre à se faire respecter; jamais ostensiblement elle ne se montra contraire à la cour; elle subit toute la tyrannie de celle-ci, souffrant avec une résignation merveilleuse qu'elle la décimât et l'augmentât arbitrairement : elle ne sut pas plus protester en 1815 contre le renvoi d'une partie de ses membres, qu'en 1819 et 1827 contre la fournée inconstitutionnelle de pairs admis dans son sein; jamais une parole indépendante ne fut remarquée dans ses pâles adresses; jamais enfin elle n'avait fait en corps une de ces démarches généreuses qui plaisent à la nation et qui donnent tant d'influence à ceux qui les tentent; en un mot la chambre des pairs avait constamment travaillé à sa perte, à celle surtout de son influence.

Elle eût certainement sauvé Charles X si le lundi même, 26 juillet, elle eût protesté en corps contre les fameuses ordonnances, si elle eût déclaré promptement quelle ne voudrait pas s'allier à la chambre bâtarde qu'on lui adjoignait; son silence, son repos, la tuèrent, et sa mort a été constatée par les événemens postérieurs.

Au milieu de son inertie, dont elle voit aujourd'hui les conséquences, quelques pairs tentèrent de faire ce qu'elle ne faisait pas; ils s'y prirent tard, beaucoup trop tard, car lorsqu'ils agirent la liberté avait gagné la partie. M. de Sémonville, dont on ne peut contester l'esprit et la manière lucide de voir les choses, crut que le moment était venu de parler au roi avec toute franchise. M. de Sémonville, quelle que fût la connaissance qu'il avait de l'état des choses, partageait lui aussi l'erreur de certaines personnes : il croyait à la possibilité d'un raccommodement entre la ville et la cour.

Il part donc pour Saint-Cloud, arrive au château, rencontre ou va trouver Polignac, lui parle avec véhémence, lui reproche ce qui vient de se passer, et demande le retrait des ordonnances. Polignac, à cet excès d'audace qu'il ne peut concevoir, se gonfle, se redresse, et prenant la parole :

« — Ces propos, dit-il, sont d'un factieux ; tout sera réparé, je sauverai la monarchie. »

M. de Sémonville, haussant les épaules, répliqua :

« — Je ne m'arrêterai pas à discuter avec un fou. »

Il passa son chemin. Introduit enfin auprès du roi, il lui parla le langage de la raison, lui fit comprendre que persister dans sa conduite passée était impossible, et qu'il fallait prendre une autre voie de salut. Il ne fut pas aisé toutefois de déterminer le monarque, qui voulut auparavant en conférer avec Polignac et Montbel ; celui-ci dit au roi :

« — Sire, nous nous sommes trompés ; j'ai

cru qu'on pouvait rétablir la paix en rentrant dans la légalité de la Charte, mais vous savez en même temps que mon seul respect pour votre personne sacrée m'a fait contresigner des ordonnances que je désavoue, et qui ne sont nullement mon œuvre. Je me reprocherai toujours ma faiblesse en cette circonstance, car elle m'a rendu coupable non moins envers vous qu'envers la Charte : il ne nous reste plus pour diminuer notre tort que de vous conseiller tout ce qui pourra consolider votre couronne. Un nouveau ministère est absolument nécessaire ; et si le peuple demande la punition de l'ancien, je serai trop heureux de me livrer à sa colère, si à ce prix je peux vous sauver de quelque malheur. »

Polignac pleurait et se tordait les bras ; il parla de Wellington, de la Vendée, du noble Midi, des Provençaux, de Toulouse en particulier, prouva qu'il avait la tête entièrement perdue ; si bien que Charles X enfin y vit clair, au moins en ce qui concerne l'incapacité de son favori. Il nomma M. de Mortemart chef du conseil des ministres, sans lui adjoindre momentanément aucun autre collègue, et le chargea de partir sur-le-champ pour Paris, emportant avec lui le retrait des ordonnances, la convocation de la chambre au 3 août, et, en tant que de besoin, de faire l'abdication de lui, Charles X, du dauphin, en faveur du duc de Bordeaux.

Pendant que ces choses avaient lieu, et que le dauphin venait de recevoir de son père le titre de généralissime du royaume, Raguse, avec son armée vaincue, rentrait dans Saint-Cloud. L'irritation y était extrême, tant contre lui que contre les auteurs des ordonnances. Les anciens courtisans de Polignac, cessant de le flatter, le poursuivaient de leurs reproches. Il leur disait : « — Que voulez-vous ? je me suis trompé, prenez ma tête. » — « Eh ! qu'en ferions-nous ? répondait-on, elle est trop vide. » Ses valets refusaient de le servir, et, à plusieurs reprises, il fut sur le point d'être fusillé par les gardes-du-corps.

Raguse, ai-je dit, était aussi en butte à l'animadversion de tous. Sa conduite dans les trois journées indignait les absolutistes qui l'accusaient d'avoir enfreint les ordres positifs qu'il avait reçus, en ne faisant pas mitrailler les Parisiens dès le 27 au soir; de n'avoir pas fait arrêter mercredi les députés séditieux, quoiqu'on le lui eût enjoint formellement; enfin, d'avoir éteint l'ardeur des troupes, en leur apprenant par un ordre du jour que des négociations étaient entamées avec les rebelles.

C'était au milieu de ces dispositions à son égard qu'il se présentait à Saint-Cloud. Le duc d'Angoulême, auquel il alla faire son rapport, l'écouta avec une fureur qu'il ne contenait pas. Le récit achevé, le dauphin lui demanda avec une hauteur extrême s'il savait à qui il parlait.

« — A monseigneur le dauphin, répondit Raguse. »

« — Au généralissime des troupes de France, à un homme qui vous connaît enfin, vous, traître à tous les partis, misérable! qui avez vendu la France aux alliés, et nous à la France. »

24

Le maréchal, confondu, balbutia quelques paroles.

«—Rendez-moi votre épée, donnez-moi votre épée ! » s'écrie le dauphin.

Raguse obéit en éprouvant des tortures inexprimables, et ses traits se contractent horriblement. Le prince saisit l'épée avec vivacité, la casse sur sa selle et se blesse à la main. A la vue de son sang qui coule, il se trouble, se croit assassiné.

« — Gardes, à moi! » s'écrie-t-il.

Une douzaine accourent, la baïonnette en avant. Le maréchal va périr. Le dauphin arrête l'élan de ses gardes.

« — C'est un traître, dit-il ; mais néanmoins qu'on le laisse vivre, ses remords nous vengeront. »

Raguse, plus près de la tombe que de la vie, accablé par le poids des souffrances de l'âme et du corps, du résultat de trois jours et trois nuits passés sous les armes du massacre, qu'il a commandé, des reproches qu'il a à se faire de sa déroute dans Paris, enfin du traitement qu'il reçoit, est entraîné par ses officiers, et va cacher dans son appartement son désespoir et sa honte.

Le roi Charles X, instruit de cette scène, en blâme la violence, se plaint de l'emportement de son fils ; néanmoins, pour ne pas lui donner tort, il borne la durée des arrêts du maréchal à une heure, et puis au moment de se mettre à table lui fait dire de venir dîner.

« — J'ai perdu l'appétit, » fut la réponse du transfuge.

Charles X, qui ne mettait de l'espoir qu'en lui, l'envoya chercher plus tard ; et, après avoir tâché de pallier la vivacité du prince, lui dit :

« — Maréchal, demain nous aurons quinze mille hommes de troupes fraîches, vous les commanderez, et vous rentrerez dans Paris avec elles.

« — Sire, cela est impossible. Cent mille hommes échoueraient à cette attaque. »

« — Quoi! vous êtes assez faible pour craindre une échauffourée heureuse! Nos pères ont perdu Paris plus d'une fois, et pour cela n'ont pas cessé d'être rois de France. Une révolte pareille est sans péril, général. »

« — Ce n'est pas une révolte qui commence, répliqua Raguse, c'est une révolution qui s'achève; il n'y aura pas dans le royaume, avant huit jours, une seule ville qui n'ait pris la cocarde tricolore. »

« — On ne veut donc pas de nous? »

« — On ne veut, sire, ni de vos ministres, ni de votre cour, ni des jésuites, ni des prêtres, ni de moi. Je crains que le duc d'Orléans.... »

Le maréchal s'arrêta.

Le roi, prenant la parole :

« — Les pairs ne m'abandonneront pas, non plus que le nord, l'ouest et le midi de la France ; d'ailleurs, je vais me populariser par le retrait des ordonnances qui déplaisent tant ; et ce pauvre Polignac ira, pendant six mois, voyager hors de France. »

## CHAPITRE XXVI.

Le duc de Mortemart, chargé du poids énorme de la négociation entre Charles X et les Français, ne put remplir cette mission importante. Un mal grave, subit, et qu'on n'arrêta pas d'abord, le retint chez lui, surtout lorsque la convocation de la chambre des pairs, faite au nom du chancelier de France, avait été sans résultat. Celle qui eut lieu le jour suivant, et qui fut provoquée par M. de Sémonville, eut plus de succès. Je ne m'arrêterai pas à rapporter ce qu'on y délibéra, car les événemens postérieurs ont trompé toutes les prévisions. Je dirai seulement que le comte de Sussy fut chargé, par ses collègues, de faire à la chambre des députés des ouvertures conciliatrices qui ne purent être admises, parce que déjà cette dernière chambre avait arrêté en principe qu'elle ne traiterait plus pour les intérêts des membres de la branche ni de la maison royale.

Dès le 29 au soir, M. Méchin fils avait été envoyé à Neuilly, auprès de monseigneur le duc d'Orléans. Ce prince, absent de son château, n'arriva que le 30 au Palais-Royal; une proclamation signée de lui apprit au peuple qu'il consentait à se mettre à sa tête avec le titre de lieutenant-général du royaume, titre que lui conféra la chambre des députés. Il nomma aussitôt des commissaires aux divers ministères : MM. Dupont de l'Eure à la justice; baron Louis, aux finances; général Gérard, à la guerre; de Rigny, à la marine; Bignon, à l'instruction publique; maréchal Jourdan, aux relations extérieures; Guizot, à l'intérieur.

M. de Lafayette devint une seconde fois commandant général de toutes les gardes nationales de France; M. Bavoux, provisoirement préfet de police; et M. Alexandre de Laborde, préfet du département de la Seine. Les municipalités de Paris furent reconstituées, l'ordre rétabli partout. Le duc d'Orléans demeura l'ancre du salut de la France; de vives acclamations, remarquable surtout par leur unanimité, saluèrent ce prince dès que nous le vîmes; il apportait avec lui tant de gages de bonheur et de sécurité que nous nous livrâmes à lui avec confiance.

Cependant la cour de Saint-Cloud était dans une agitation extrême; on y formait à chaque minute des projets que la minute d'après voyait évanouir; on parlait de fermeté encore en étalant de la faiblesse, on permettait aux autres d'avoir de l'énergie, et chacun en manquait. Les troupes, sur lesquelles on comptait, se mettaient déjà presque en révolte, tous les régimens de ligne pensaient isolément s'unir aux citoyens; le reste de l'armée, les Suisses, la garde, promettaient encore une fidélité incertaine, et les moyens de la maintenir manquaient; il n'y avait pas d'argent dans le trésor particulier du roi; on avait évacué les Tuileries avec tant de précipitation, que trois millions et demi cachés dans les caves n'avaient pu être emportés; la gratification de dix francs par homme, soldée le 29 au matin, avait épuisé les dernières ressources. Les ambassadeurs des puissances étrangères gardaient une neutralité peu encourageante; et dès le jeudi au soir, toutes les campagnes aux environs de Saint-Cloud s'étaient insurgées.

Les prêtres et les courtisans, si braves loin du péril, tremblèrent lorsque le péril fut en présence; le roi même les embarrassait dans la crainte qu'il fallût le défendre; en conséquence on décida que la position de Saint-Cloud n'était pas tenable, et l'on fut chercher un asile plus sûr à Rambouillet. Le duc d'Angoulême, le 31 au matin, passa la revue de ce débris d'armée dans Sèvres, et bientôt après la famille royale partit. Ce fut un étrange spectacle que ce voyage, qui n'était ni une fuite ni une retraite, et tout cela ensemble; que ce souverain détrôné par ses propres actes, obéi encore par des soldats et non plus par le peuple; que ces villes et villages où la cocarde nationale était arborée, et cette cocarde blanche que les fugitifs portaient, que le silence de la multitude et le désespoir morne des soldats. Ce fut à Rambouillet que de son plein consentement, et cédant à l'empire des circonstances, Charles X abdiqua la couronne pour lui et pour son fils; mais avant que d'en venir à cette dernière extrémité, il avait commencé par expédier la pièce suivante :

« Le roi, voulant mettre fin aux troubles qui existent dans la capitale et dans une partie de la France, comptant d'ailleurs sur le sincère attatachement de son cousin le duc d'Orléans, le nomme lieutenant-général du royaume.

» Le roi ayant jugé convenable de retirer ses ordonnances du 25 juillet, approuve que les chambres se réunissent le 3 août, et il veut espérer qu'elles rétabliront la tranquillité en France.

» Le roi attendra ici le retour de la personne chargée de porter cette déclaration à Paris.

» Si on cherchait à attenter à la vie du roi et de sa famille, ou à leur liberté, il se défendra jusqu'à la mort.

» Fait à Rambouillet, le 2 août 1830.

» *Signé* CHARLES. »

Cet acte ne fut point exécuté par le duc d'Orléans, qui répondit que, tenant de la nation le titre de lieutenant-général du royaume, il n'avait pas besoin de le recevoir de qui que ce soit ; ce moyen n'ayant donc pas réussi, et la gravité des événemens augmentant, Charles X se résolut à faire une abdication pure et simple, ainsi conçue :

ABDICATION.

L'acte ci-après, portant sur la suscription : « A mon cousin le duc d'Orléans, lieutenant-général du royaume, » a été déposé, par l'ordre de M. le duc d'Orléans, aux archives de la chambre des pairs :

« Rambouillet, ce 2 août 1830.

» Mon cousin, je suis trop profondément peiné

des maux qui affligent ou qui pourraient menacer mes peuples pour n'avoir pas cherché un moyen de les prévenir. J'ai donc pris la résolution d'abdiquer la couronne en faveur de mon petit-fils, le duc de Bordeaux.

» Le dauphin, qui partage mes sentimens, renonce aussi à ses droits en faveur de son neveu.

» Vous aurez donc, par votre qualité de lieutenant-général du royaume, à faire proclamer l'avènement de Henri V à la couronne. Vous prendrez d'ailleurs toutes les mesures qui vous concernent pour régler les formes du gouvernement pendant la minorité du nouveau roi. Ici je me borne à faire connaître ces dispositions; c'est un moyen d'éviter encore bien des maux.

» Vous communiquerez mes intentions au corps diplomatique, et vous me ferez connaître le plus tôt possible la proclamation par laquelle mon petit-fils sera reconnu roi sous le nom d'Henri V.

» Je charge le lieutenant-général vicomte de

Foissac-Latour de vous remettre cette lettre. Il a ordre de s'entendre avec vous pour les arrangemens à prendre en faveur des personnes qui m'ont accompagné, ainsi que pour les arrangemens convenables pour ce qui me concerne et le reste de ma famille.

» Nous règlerons ensuite les autres mesures qui seront la conséquence du changement de règne.

» Je vous renouvelle, mon cousin, l'assurance des sentimens avec lesquels je suis votre affectionné cousin.

» CHARLES.

» Louis-Antoine.

Cet acte, qui n'importait plus à la cause nationale, ne produisit aucun effet; la résolution désormais était prise de regarder comme déchus Charles X et les siens; la couronne avait cessé de leur appartenir dès qu'ils avaient rompu la Charte; il ne leur était plus permis de tenter dans la légalité après en être volontairement sortis. On continua à travailler à l'organisation du royaume et de la capitale, à refondre le personnel de l'administration, à réparer les injustices du dernier roi. Les députés arrivaient, les pairs se rendaient à leur poste; bientôt on arriva au 3 août, et les chambres furent ouvertes par le duc d'Orléans, qui leur parla en ces termes :

« Messieurs les pairs et messieurs les députés,

» Paris, troublé dans son repos par une déplorable violation de la Charte et des lois, les défendait avec un courage héroïque.

» Au milieu de cette lutte sanglante, aucune des garanties de l'ordre social ne subsistait plus : les personnes, les propriétés, les droits, tout ce qui est précieux et cher à des hommes et à des citoyens, couraient les plus graves dangers.

» Dans cette absence de tout pouvoir public, le vœu de mes concitoyens s'est tourné vers moi; ils m'ont jugé digne de concourir avec eux au salut de la patrie; ils m'ont invité à exercer les fonctions de lieutenant-général du royaume.

» Leur cause m'a paru juste, le péril immense, la nécessité impérieuse, mon devoir sacré. Je suis accouru au milieu de ce vaillant peuple, suivi de ma famille, et portant ces couleurs qui, pour la seconde fois, ont marqué parmi nous le triomphe de la liberté. (*De toutes parts* : Bravo! bravo!)

» Je suis accouru, fermement résolu à me dévouer à tout ce que les circonstances exigeraient de moi, dans la situation où elles m'ont placé, pour rétablir l'empire des lois, sauver la liberté menacée, et rendre impossible le retour de si grands maux, en assurant à jamais le pouvoir de cette Charte dont le nom, invoqué pendant le combat, l'était encore après la victoire. (De nouveaux *bravos* éclatent dans l'assemblée).

» Dans l'accomplissement de cette noble tâche, c'est aux chambres qu'il appartient de me guider.

» Tous les droits doivent être solidement garantis; toutes les institutions nécessaires à leur plein et libre exercice doivent recevoir les développemens dont elles ont besoin.

» Attaché de cœur et de conviction aux principes d'un gouvernement libre, j'en accepte d'avance toutes les conséquences. (Vifs murmures de satisfaction.) Je crois devoir appeler dès aujourd'hui votre attention sur l'organisation des gardes nationales, l'application du jury aux délits de la presse, la formation des administrations départementales et municipales, et, avant tout, sur cet article 14 de la Charte, qu'on a si odieusement interprété. (*De toutes parts*: Bravo! Bravo!)

» C'est dans ces sentimens, messieurs, que je viens ouvrir cette session.

» Le passé m'est douloureux; je déplore des infortunes que j'aurais voulu prévenir; mais, au milieu de ce magnanime élan de la capitale et de toutes les cités françaises, à l'aspect de de l'ordre renaissant avec une merveilleuse promptitude après une résistance pure de tout excès, un juste orgueil national émeut mon cœur, et j'entrevois avec confiance l'avenir de la patrie.

» Oui, Messieurs, elle sera heureuse et libre cette France qui m'est si chère; elle montrera à l'Europe qu'uniquement occupée de sa prospérité intérieure, elle chérit la paix aussi bien que les libertés, et ne veut que le bonheur et le repos de ses voisins.

» Le respect de tous les droits, le soin de tous les intérêts, la bonne foi dans le gouvernement, sont les meilleurs moyens de désarmer les partis et de ramener dans les esprits cette confiance dans les institutions, cette stabilité, seuls gages assurés du bonheur des peuples et de la force des états.

» Messieurs les pairs et Messieurs les députés, aussitôt que les chambres seront constituées, je ferai porter à leur connaissance l'acte d'abdication de S. M. le roi Charles X; par ce même acte, S. A. R. Louis-Antoine de France, dauphin, renonce également à ses droits. Cet acte a été remis entre mes mains hier, 2 août, à onze heures du soir. J'en ordonne ce matin le dépôt dans les archives de la chambre des pairs, et je le fais insérer dans la partie officielle du *Moniteur*. »

Ce fut avec ivresse et avec admiration que l'on écouta le prince tenir un langage si nouveau et dépouillé de toutes ces formes de despotisme qui se manifestaient dans les rapports de l'ex-souverain avec ses sujets; maintenant on voyait que la liberté ne serait pas une déception. On se réunit donc avec une vivacité nouvelle à celui qui nous la promettait pleine et entière.

Ici finit l'histoire de ces jours si mémorables dans les fastes de Paris; le reste des événemens politiques appartient aux annales générales de la France, bien que Paris en ait été le principal théâtre: le dernier acte, particulier aux habitans de cette ville, est l'armement instantané, le mardi 3 août, de plus de trente mille d'entre eux à la nouvelle que Charles X, perpétuant son séjour à Rambouillet, se préparait à marcher contre la capitale. Aussitôt le rappel est battu dans tous les quartiers : la jeunesse belliqueuse reprend les armes, elle se réunit dans les Champs-Elysées sous le commandement du général Pajol. Les voitures de toute espèce, soit de service commun ou particulier, sont offertes à cette brave armée; on part en carrosse, en charrette, à pied, à cheval; on se presse sur la route de Rambouillet, et l'impatience est grande de se mesurer en plaine avec cette garde royale et ces Suisses auxquels on a tant de peine à pardonner.

Mais tout combat est désormais impossible, la cour qui s'éteint n'a pas la force de tirer l'épée; elle ne sait agir qu'avec des masses considérables sur un peuple désarmé; à forces égales, elle ne luttera jamais, parce qu'elle manque de courage moral; aussi dès qu'elle apprend la venue des bataillons parisiens, le départ est ordonné; on se sauve de Rambouillet sous la protection des trois commissaires que le nouveau gouvernement avait envoyés : le maréchal Maison, le conseiller de Schonen et l'avocat Odillon-Barrot. Les nôtres, en arrivant, trouvent Rambouillet abandonné, et déjà la garde nationale de cette ville faisant son service dans le château.

La tête de nos colonnes parvint seule jusqu'à ce lieu. Elle en ramena les diamans de la couronne que Charles X avait d'abord voulu emporter. Elle s'empara aussi des riches voitures du sacre qui furent conduites à Paris, garnies en dedans, en dehors, de nos gardes civiques qui s'en servaient comme de chars de triomphe.

Après ce dernier coup de vigueur, cette jeunesse active, et dont les poltrons s'inquiétaient tant, rentra calme et soumise dans les ateliers d'où elle était sortie pour combattre, satisfaite d'avoir assuré la victoire des intérêts nationaux, désintéressée pour ses propres avantages, ne demandant qu'un peu de part d'une gloire justement acquise, et se réservant le plaisir d'en parler.

Cependant les chambres, légalement constituées, commencèrent leurs travaux. M. Pasquier fut nommé président provisoire du sénat, après la démission de M. Pastoret de la charge de chancelier de France. Le suffrage des députés et le concours du duc d'Orléans porta M. Casimir Périer à la présidence de la chambre élective. Celle-ci se hâta de réviser la Charte constitutionnelle. Son travail fut approuvé des pairs, hors un seul article, celui qui déclarait nulles toutes les nominations des pairs faites par le dernier roi ; et alors les deux chambres, chacune séparément, apportèrent leur travail au lieutenant-général du royaume, lui offrant la couronne, s'il voulait jurer la Charte telle qu'on la lui présentait. Le prince promit de s'expliquer sous peu. Après avoir médité sur l'importance de l'acte qu'on lui présentait, il ne tarda pas, tant nos libertés étaient écrites à l'avance dans son cœur.

---

Un recueil supplémentaire renfermant tous les faits particuliers, tous les actes de bravoure et de dévouement qui viendront à notre connaissance, ou qui seront insérés dans les journaux, paraîtra au commencement du mois d'octobre. Il faut ce délai pour ne rien omettre de ce qui intéresse tant de héros, et afin qu'on puisse ne présenter que des faits exacts.

( 359 )

tuées, commencèrent leurs travaux. M. Pasquier, fut nommé président provisoire du sénat, après la démission de M. Pastoret de la charge de chancelier de France. Le suffrage des députés et le concours du duc d'Orléans porta M. Cretanu-Néris à la présidence de la chambre élective. Celle-ci se hâta de réviser la Charte constitutionnelle. Son travail fut approuvé des pairs, hors un seul article, celui qui déclarait nulles toutes les nominations de pairs faites par le dernier roi ; et alors le Roi chaud a, chacune déposant celé, apporta son tribut travail au lendemain-pendant du royaume, lui offrant la couronne, s'il voulait j... dûment tels qu'en la lui présentait. L... é... t de s'expliquer sous peu. A... si... u... ... l'importance de l'acte, dont l... ne tarda pas, tant nous viv..... ès à l'avance dans son cœur.

Un recueil suppléera à cette remarquant tous les faits particuliers, dans les gens de province, et de l'Inconcoucauf qui ... à notre ...amis ... , ... , ...nt ap..., ... des journaux, p...iferont c...ssent est du mois c' cuoirs, il lui ce délai pour ...ie ... a...e. Je n' en sui inférage ..ne de ...en, et ahu q...u li ... ... ... a... prémier que ... ... faib ...

# MÉMOIRES SECRETS ET INÉDITS

## Des cours de France

AUX XVᵉ, XVIᵉ, XVIIᵉ, ET XVIIIᵉ SIÈCLES.

---

MÉMOIRES DE MADAME LA COMTESSE DU BARRI, 6 vol. in-8.    45 fr.
     Les 5ᵉ et 6ᵉ volumes se vendent séparément.    15 fr.

MÉMOIRES D'UNE FEMME DE QUALITÉ, SUR LOUIS XVIII; 4 vol. in-8.    30 fr.

MÉMOIRES D'UNE FEMME DE QUALITÉ, depuis la mort de Louis XVIII jusqu'à la fin de 1829; 2 vol. in-8.    15 fr.

MÉMOIRES D'UNE FEMME DE QUALITÉ, sur le Consulat et l'Empire; 4 vol. in-8.    30 fr.

MÉMOIRES DU CARDINAL DUBOIS, 4 vol. in-8.    30 fr.

MÉMOIRES ET VIE PRIVÉE DU MARÉCHAL DUC DE RICHELIEU, 6 vol. in-8.    45 fr.

MÉMOIRES INÉDITS DE LA BELLE GABRIELLE, maîtresse de Henri IV; 4 vol. in-8.    30 fr.

MÉMOIRES DE MADAME LA MARQUISE DE MONTESPAN, 2 vol. in-8.    15 fr.

MÉMOIRES DE MADAME LA DUCHESSE DE LA VALLIÈRE, 2 vol. in-8.    15 fr.

MÉMOIRES DE MADAME DE POMPADOUR, 2 vol. in-8.    15 fr.

HISTOIRE AMOUREUSE DES GAULES, par Bussy-Rabutin, 3 vol. in-8.    22 fr. 50 c.

MÉMOIRES INÉDITS DU MARQUIS DE DANGEAU, imprimés sur les manuscrits originaux de la Bibliothèque du roi; 8 vol. in-8. Les quatre premiers volumes sont en vente.    30 fr.

---

SCÈNES DE LA VIE PRIVÉE, par M. Balzac; 2 vol. in-8.    15 fr.

LE GRENADIER DE L'ILE D'ELBE, par A. Barginet, de Grenoble; 2 vol. in-8.    15 fr.

www.ingramcontent.com/pod-product-compliance
Lightning Source LLC
Chambersburg PA
CBHW052041230426
43671CB00011B/1735